六代目三遊亭円楽

竹書房

まえがき

林家たい平

　まさか円楽師匠の本のまえがきを、僕が書く日が来るなんて夢にも思っていませんでした。みんな『笑点』を信じているんですね。円楽っちには、たい平しか友達がいないって。本当はたくさんの友達がいて、多くのファンに愛されていたから、僕以上に師匠のこと知ってる人がいることもわかってますよ。でもこうして声を掛けてもらって、円楽っちのこと、皆さんに話せることが嬉しいです。まだ師匠が歌丸師匠のところに行ってしまったこと、信じられない、認めたくない自分もいるけど、僕がいつもそばで感じた円楽師匠のこと話そうと思います。いいですよね。

　治療の為に『笑点』をしばらく休んでいた師匠。コロナが少し収まりかけた夏、長年収録で通っていた後楽園ホールに戻ったある日、車椅子で楽屋に顔を出してくれました。スタッフ全員分、百人前以上の鰻重を持って。開口一番メンバーを前に、少し呂律が回らなくなった口で「病院の食事メニューはいい加減なんだよ。ケチャップが掛かっていればイタリアミラノ風、マヨネーズが掛かっているとフレンチ風って書いてあるんだよ」。と言って笑わせるんです。僕は咄嗟に「師匠、もうすでに復帰の高座のまくらを考えてるんだ！　受けるかどうか僕達で試してるんだ！」って。必ずもう一度高座に戻るんだという強い意志を感じた瞬間でした。

初めて円楽師匠に会ったのは僕がまだ二つ目時代。笑点メンバー二人会のトップバッター。千人以上のお客様を前に舞い上がり、持ち時間をオーバーして楽屋に戻って来た僕に「お客様は何を楽しみに来ているか考えなさい」と。長年トップで走っている師匠の落語に対する責任に触れた気がしました。しばらくして師匠こん平が病に倒れ、急遽大喜利メンバーとして、師匠の横に座ることになりました。以来、僕にとっては育ての師匠となり、笑点の先輩となりました。一緒に過ごす時間がたくさん増えました。もう落語のことを話し始めると落語少年のような眼になって「あそこはこうしたほうが解りやすい」「この噺のサゲはこう変えてやってるんだけどどうだろう？」などと止まりませんでした。

寄席育ちの師匠。途中落語協会の分裂問題などから寄席を離れることに。でも師匠は寄席の雰囲気が大好きで、だからみんなでワイワイする場所を作りたいと思ってたんですきっと。そして立ち上げたのが博多・天神落語まつり。大好きな落語家の集まる楽屋の真ん中で、実に楽しそうでした。自分の出番がない楽屋にも顔を出して、他愛もない話をニコニコしながら聞いている師匠が居ました。順調にいっていたまつりもコロナ禍に巻き込まれ、誰もが右往左往していた時、まつりの成功を占う落語会を前に「たいちゃん、一度自分なりの答えを解答用紙に書きたい、バツが付くかもしれないけど、手伝ってくれるよな」って言われた時には、自分が師匠のそういう存在になれたことが嬉しかった。師匠が居なくなってしまった今も落語まつりは続いています。嬉しそうに落語まつりのプログラムを考えている師匠を近くで見ていたので、お手伝いさせてもらっています。師匠と長く時間を過ごし、酒を酌み交わし、落語論を語らせてもらった僕の中には、《円楽チャットGPT》が知らないうちに出来ていました。「師匠ならどうする？」と問えば、師匠が答えを導いてくれます。でもどんなに世の中が便利になり、チャットGPTが発達しても、これほどまでにウィットに富み、社会を明るく風刺し、人間を愛し、仲間を大切にする〝まくら〟は円楽師匠しか作れないと思います。読めば読むほどあの時の師匠の間、息づかいが聞こえて来ます。師匠！　落語のこと、未来のこと、笑点のこと、健康のこと、交わしたメール。僕のスマホの中で師匠の言葉が今も生きています。もっと一緒にいたかった。もっとたくさん話したかった。師匠、円楽っち！　いつまでも落語のこと見守ってください。そして時には厳しい〝まくら〟で僕達を導いてください。

林家たい平　落語家　一般社団法人落語協会　常任理事

１９６４年、埼玉県秩父市生まれ。１９８７年、武蔵野美術大学造形学部卒業後、林家こん平に入門。２０００年、真打昇進。

落語においても明るく元気な林家伝統のサービス精神を受け継ぎながらも、古典落語を現代に広めるために努力を続け、落語の楽しさを伝えている。たい平ワールドと呼ばれる落語には、老若男女数多くのファンを集め、年間を通じ定期的に行う自らの独演会を中心に全国で数多くの落語会を行っている。テレビやラジオ等で幅広く活躍している。

目次

あとがき

十郎ザエモン

253

編集部よりのおことわり

◆本書に登場する実在する人物名・団体名については、一部を編集部の責任において修正しております。予めご了承ください。

◆本書の中で使用される言葉の中には、今日の人権擁護の見地に照らして不当・不適切と思われる語句や表現が用いられている箇所がございますが、差別を助長する意図を以て使用された表現ではないこと、また、古典落語の演者である六代目三遊亭円楽の世界観及び伝統芸能のオリジナル性を活写する上で、これらの言葉の使用は認めざるをえなかったことを鑑みて、一部を編集部の責任において改めるにとどめております。

高齢者の皆様にお知らせです

２０１６年12月21日　文京シビックホール　三遊亭円楽独演会
『行ったり来たり』［＊1］のまくらより

早いもんですな……。『笑点』［＊2］のレギュラーになってから、もうこの8月でもって満39年、今はもう、40年目に入ったんですねぇ。その間、歌丸師匠［＊3］にも助けていただいて、ワァワァワァワァやってきましたがね、5月の22日の放送をもちまして、歌丸師匠が司会を勇退なさいました。ちょっと寂しくなりましたけどもね、おかげさまで昇太［＊4］が元気いっぱいにやってくれて、たい平［＊5］がすっ飛んでいますんでねぇ（笑）、何となく活気は出ているような気はいたしますが……、まぁ、そうやって一緒になって騒いでますがね。ちょっと草臥《くたび》れてきましたよ（笑）、正直言って。

ねぇ、だってそうでしょう？　27歳で『笑点』のレギュラーになって、あっという間に39年、……足し算しなくていいですよ（爆笑）。27足す39は、66でございます。来年の2月の誕生日でもって、67になる。ドンドンドンドンドン一つずつ歳

［＊1］『行ったり来たり』……桂枝雀が創作した落語演目。元は上方の言い回しで「いたりきたり」としてある。〝いったりきたり〟という意味不明なものを軸に人の主観の不条理を描いたシュールな噺。

［＊2］『笑点』……長寿を誇る演芸番組。大喜利が人気の元になっている。平成28年、大喜利司会者桂歌丸が勇退し、春風亭昇太が後任となった。さらに回答メンバーには林家三平が登場した。現在は回答メンバーが入れ替わっている。

［＊3］歌丸師匠……桂歌丸。当初は五代目古今亭今輔に入門したが昭和36年桂米丸門下に移り〝歌丸〟。この頃スタートした番組『笑点』で最初から大喜利メン

とりますなぁ（笑）。ええ、不思議ですね。いっぺんに二つとったりね、マイナス1になったりしたら、面白いなとつくづく思ってんですがね（笑）。ただ65になりますと、国のほうから前期高齢者というね、位《くらい》に就けていただける。

だからわたしも驚いたのは、今から2年前ですよ。来年の2月でもって65になるのかと思って、ウチへ帰ってね。何気なく郵便受けを開けたんですよ。そうしたら1通の封書が入ってる。なんだろうと思って手に取ってみましたらばね、差出人のところが、わたしんとこは東京23区でも江東区なんですよ。江東区高齢者対策室って書いてある（笑）。で、上のほうを見ましたら、「高齢者の皆様にお知らせです」って黒いゴチックで書いてあるんですよ。「ウチに爺さんもお婆さんもいなかったなぁ」と思って、宛て名のところを見たらわたしの本名が書いてありました。福山雅治ってね（爆笑・拍手）。それはまぁ、小遊三さん［＊6］の係でございますがねぇ、何が来たんだろうと思って開けてみましたらばね、肺炎球菌の予防注射の案内。

「あなたは2月に65歳になられますので、この機会に肺炎球菌の予防注射が出来ます。これは5年に一遍、一生に1回、国の補助を受けて、肺炎の予防注射が出来ます。肺炎は重篤化すると怖いです。日本人の死亡原因第3位です」

とかいろんなことが書いてありましたよ。

バーとなり人気を博した。後に五代目三遊亭圓楽の後を受け『笑点』大喜利司会者を務めた。また落語芸術協会の会長、さらに横浜にぎわい座の館長なども務めた。平成30年逝去。

［＊4］昇太……春風亭昇太。昭和57年五代目春風亭柳昇に入門。早くから創作落語で人気を獲得した。平成15年に柳家喬太郎らとともにSWA（創作話芸アソシエーション）を起ち上げ活動中。平成18年から『笑点』大喜利メンバーとなる。また落語芸術協会の会長としても活躍中である。

［＊5］たい平……林家たい平。昭和63年林家こん平に入門。明るい芸風で早くからラジオなどで活躍し、平成16年師匠こん平の代打

で、肺炎球菌の予防注射は、西田敏行さんがコマーシャルやってた。「あれが、とうとう来たのか」と思いましてね。ウチのすぐ隣が、永岡医院というね開業医なんですよ。隣ですと、便利ですね。この封筒を持って。すぐ行ったんです。

「先生、これ来たんでお願いします」

「何だい？　円楽さん（封筒を受け取る）。……肺炎球菌？　やらなくていい」（笑）

「いやいや、テレビでもって肺炎は怖いって、……そこにも書いてありますが」

「何を言ってんだよ。いろんな意見があるかも知れない。だけど私に言わせればね。風邪が治る体力があるうちは、肺炎は治る。そう思っている。いい薬がある。あなたはまだまだ風邪が治る体力がある。……予防接種は、体力のない年寄りがやるんだ。一生に1回しか出来ねぇから、今やっちゃダメだ」

「……ああ、そうですか……。じゃぁ、70になったら……」

「70になったって。私がここで開業してる。ええ、僅か二つか三つしか、違わないだろう。俺が治してやる」

「ありがとうございます。……75になったら？」（笑）

「その辺で1回考えよう」

として『笑点』大喜利に登場し、後に正式メンバーとなる。円楽とは大喜利でのやり取りを含めてお互いを認め合う関係であり、円楽プロデュースのイベントなどにも力を発揮している。

［＊6］小遊三さん……三遊亭小遊三。昭和43年三代目三遊亭遊三に入門。昭和48年二つ目で〝小遊三〟。明るい語り口の落語で爆笑をとる力はテレビでも評判で、特に野球の形態模写などでバラエティにたびたび登場していた。昭和58年に『笑点』大喜利メンバーとなる。

と言われましてね（爆笑・拍手）。まだあと10年ぐらい、やんなくていいと言われましたよ。その翌週、また郵便受けを開けたら、封書が入っている。「何だろう」と思って手に取ってみてね、開けてみましたらばね、今度はね、介護保険の案内ですよ。

「あなたは2月に65歳になられますので、2月分、3月分が不足します。4月からは銀行振り込みの手続きをしてください」

取りっぱぐれのないように丁寧に来ますね（笑）。これ、すぐ手続きしました。その翌週、また郵便受けを開けたら、封書が入ってる。

「高齢者の皆様にお知らせです」

段々楽しみになってきますよ（爆笑）。「今度は何が来たんだろう」と思ってね、開けてみましたらば、

「要介護にならないための生き生き健康チェック（笑）。厚労省の指導のもと、あなたの生活スタイルをアンケートで答えていただいて、要介護にならないためのアドバイスをさせていただきます。以下のアンケートに答えて、返信用封筒でお戻しください」

国はいろんなことやってくれるもんですね。すぐ鉛筆持ってね、アンケート読みましたよ。

「あなたは、バスや電車を利用して、1人で外出出来ますか?」(笑)
弟子や、マネージャーが付いてくるから、1人じゃねぇなぁ、いいえ(爆笑)。
「あなたは、預貯金の出し入れが、1人で出来ますか?」
キャッシュカード、カミさんが持ってるから、1人じゃおろせねぇなぁ(爆笑)。
「あなたは、お友達がいますか?」(爆笑・拍手)
……いいえ。
「あなたは、腹が黒いと言われますか?」(爆笑)
「はい」って余計なお世話ですよ(爆笑)。
これを機会にクラス会でもやろうじゃないか、還暦のときもやりましたから、ちょうど5年経つ。東京の下町の深川高校って高校なんですがね。下町は良いですよ。卒業しても、みんな地元に残ってますね。案内状出しましたらね、85人集まったんです。だけどこの歳になると、酔っ払うとみんなグズグズですね。1人酔っ払った同級生が、
「円楽よぉ〜、ところでお前、今年幾つになったぁ?」(爆笑)
バカでしょ。同級生は、みんな同い年ですよ。そのうちに酔っ払った同級生同士の会話が、もっと面白かったですよ。

「ダメだな、この歳になるとよぉ、あのぅ、なんてんだ、あの記憶力は落ちるし、物忘れひどくねぇか？　部屋入って来て、『この部屋に何しに来たんだっけかな？』とかよぉ。冷蔵庫開けて、『俺は何を出そうとしてたんだっけかな？』とか、〝あそこ〟とか〝あの人〟とか、そういうの増えねぇかよ？」

「だったらお前、俺が飲んでる良いサプリメントを紹介するよ」

「なんてサプリメントだい？」

「〝あれ〟だよ。〝あれ〟」

って、言ってました（爆笑・拍手）。〝あれ〟は、飲まなくていいと思いますよ。だからこれからは、医者と上手に付き合うことでしょうな。

その隣の永岡医院っていうのは、もう、かかりつけ医ですよ。何かあると、のべつ行っている。で、月に2回は、必ず点滴してもらうんです。というのは、わたしちょっと喘息の気《け》がありましてね。「季節の変わり目は、特にいらっしゃい」と言われる。行きますとね、「毎日、日本国中を歩いてて疲れるだろうから、ビタミン入れてやろう」ってんで、ビタミンも入れてくれて点滴するんですよ。

で、「点滴ルーム」に連れて行ってくれましてね。「点滴ルーム」というとね、白い清潔な綺麗な部屋を思い浮かべるでしょ？　東京の下町の築50年のマンションの1階ですよ（笑）。奥の3畳間、畳ボロボロ、冷蔵庫が置いてありましてね、鴨居《かもい》にフックがいっぱい打ってあるんです。こっちにもフックがいっぱい打ってある。そこに点滴の袋を引っ掛けるんですがね（笑）。向こうにね、座布団が4枚、こっちに4枚ね、8人が差し向かいになって、腕に針刺して座ってんですよ（爆笑）。なんだか『笑点』の行く末を見てるようでしたよ（笑）。そうしましたらね、わたしの前に座った筋向いの吉野のお爺さんが、わたしの点滴の袋を見て、

「円楽さん、あんたぁ、金ぇかけてるねぇ？」

って、余計なお世話ですよ（爆笑）。みんなの点滴は白いんです。わたしの黄色いんです。……ビタミンが入っているからね。幾らぐらいかかってんだろうと思って、一応見てみましたらね、268円ですよ。ユンケルの安いのより、よっぽど効くでしょう（笑）。で、暫くずっとみんなで点滴してますとね、大体1時間ぐらいかかりますよ。そうしたら看護師さんが、

「ちょっとごめんなさい、具合の悪い人が来たから、寝たまんま点滴させてあげて」

って、言うんです。具合が悪くなると寝たまま出来るんですけども……、これおかしいでしょ。我々も具合が悪いんですよ（笑）。それで点滴やってんですよ。

一応ね、細めの布団が寝たままの点滴用にあるんですよ。真ん中にそれ敷きまして、お婆さん寝かせてね。

「暫く看《み》ててね」

って、言うんです（……笑）。真ん中で、お婆さんが、

「へぇぁ〜、ぁぁぁでぇぁ」

って、言っているんです。それを8人が、じっと見てるんですよ（爆笑）。

「佐野のお婆さん……、こんなになっちゃったよ、おい。町会長は知ってんのかなぁ？　……えっ？　そろそろじゃねぇかぁ、町会会館、空いてるかなぁ？　回覧板回すか？」

って、いろんなことを言ってましてねぇ（爆笑）。

こないだわたしねぇ、左目がチカチカして、黒いモンが飛ぶから、

「先生、これが飛蚊症ですかね？」

って、訊いたらば、

「目のことは安直に言えないから、私の仲間でもって、江東医師会の眼科医の佐藤君が、この先でもって開業してるから、紹介状書くから行ってらっしゃい」

あれ紹介状があると、随分違いますよ。持って行きましてね、

「あの、永岡医院の紹介です」

「あっ、円楽師匠ですね？　いつも見てますよ。今日はちゃんと診ましょう」（笑）

おかしいでしょう？　じゃ、今までちゃんと診てねぇじゃねぇか。でも、紹介状があった手前ねぇ、光学機使ったり、光あてたりなんかしながらねぇ、左目と右目交互に診てくれて、1時間ぐらい診て、最後に言われたセリフが、

「加齢ですね」

って、これでお終いなんだ（爆笑）。「加齢ですね」、これでお終い。もう60過ぎたら、みんな歳のせいですよ。だぁら、佐藤先生に言ってやりました。

「先生、右目も同い年なんですけど」（笑）

だってそうでしょう？　左目だけ歳とった訳じゃないですよ、身体全部、同級生ですよ、一緒に歳とってるんですよ。「薬、出してくれるから」って、受付のところで待ってたんです。

もう下町のね、開業医なんて狭いから、個人情報もクソもないですよ。診察風景、筒抜け。わたしのあとに入ったお爺ちゃんが凄かったですよ。

「先生、コーヒー飲むと、右の目が痛くなるんです」（笑）

「なんですか？」

「コーヒー飲む度に、右目が痛むんです」

「珍しいですね？　ちょっと待ってください。……看護師さん、コーヒーありますか？　淹れてください。……お爺ちゃん、試しにこれを飲んでみてください」

「ありがとうございます」

そのお爺ちゃん、砂糖入れましてね。スプーンでかき回して、

「いただきます……、あっ、痛てて、痛い、痛い」（笑）

「お爺ちゃん、そのスプーン外して飲みなさい」（爆笑・拍手）

ええ、そのまま柄が刺さってるんですよ。歳とると、いろんなことするもんですね。で、紹介してもらった手前ね、永岡医院に戻りましてね、先生に報告しようと思ったら、

「今、カーテンの中でお婆ちゃん診てるから、暫く待っててくれ」

これもまぁ、診察風景が聞こえて来るんですよ。そうしたらこのお婆ちゃん、もっと凄かったですよ。

「先生、どこを触っても痛いんです」

「何ですか？」

「膝、触っても痛い。肩、触っても痛い。腰を触っても、どこを触っても痛いんですよ」

「診てあげようね……。指の骨が折れてんね」（爆笑・拍手）

分かんない方はウチへ帰って、ゆっくり考えてください（笑）。

皆さんは、わたしを見てんですが、わたしは皆さんを見てるんですよ。たまにいらっしゃるんですね。頭の中にクエスチョンマークの方が（笑）。周りが笑ってんのに1人だけ（笑っている隣の席の人を見て、首を捻る）こうして、ウチへ帰って考えるんでしょうね。2時間ぐらい経ちましてね、「フッハッハッハッハ」（爆笑）。それじゃ遅いんですよ（笑）、ただ笑えるってのは、素晴らしいですな。

笑いというのは、人間だけが持っている高度な感情であるというね、定義がございますよ。人間だけなんですよ。よく、「猿が笑う」っていいますが、あれは表情筋があって動く、その結果、人間が笑ってると思ってるだけでもって、果たして猿が笑ってるかどうか分かりませんよ。

犬や猫だって、そうでしょう？　笑ってんの見たことあります？　わたし、犬を15年飼っていましたがね、一回も笑ったのを見たことがないですよ。尻尾は振りますよね。帰る度にね、笑われたら気持ち悪いでしょう？

「（犬の所作で）どこ行ったの？　どこ行ったの？　どこ行ったの（笑）？　お土産は？　お土産は？　お土産は？　エヘッ、なんか頂戴」（爆笑）

そう言いませんからね。アイツら。懐く、馴れるというんですよ。ただ下町におりますとね、猫と喋るオバさんは、いっぱい居ますよね。

「ミーちゃん、どこまで行ってきたの？　……公園まで行ったの？　そうなの。シロちゃんに会ったでしょ？　……あらまぁ、クロちゃんも居たの？　嬉しいの？　何笑ってんの？」（笑）

って、笑ってませんよ、こいつ（爆笑）。

人間だけ、ねぇ。じゃぁ、人間と他の動物の違いは、まだあるだろうと思って考えてみましたらば、自我を持ってるのが人間だけ。「我思う、故に我あり」って言葉がありますが、あれは訳《やく》が間違いですな。「我考える故に我あり」、人間だけが考える力を持っていて、自分というものを見つめられるんですよ。

ええ、そうでしょう。「人生80年時代、うん。あと十数年あるけれども、この健康状態だったら20年ぐらいは何とかなるだろう。よし。積み残したことないように、楽しく、友達と陽気に人生を送ろう」って、こんなこと考えるの人間だけですよ。犬、考えていますか？

「（犬の所作で）犬として生まれて早15年（笑）。もう既に老犬の域に達したが、良き飼い主に恵まれ、ドッグフードも老犬用に替えていただき、朝晩の散歩も足腰が弱って以来、排泄が済むと5分ぐらいで帰ってきていただいて、暖かいところで柔らかいところに寝転がって、飼い主さんが来たら、尻尾をたまにパタパタとやるだけで（笑）、頭撫でていただいて、ありがたいウチに飼っていただいている」

そんなこと、考えていませんからね（爆笑）。これが人間だけ。もう一つ、言葉を持っているのが人間だけ。言葉って何かというと、信号であり記号である訳でございますがね。動物も信号を持ってますよ。危険信号とかね、求愛信号とか、ところが言葉でもって表現をして伝達をしてるのは、人間だけですな。言葉で考え言葉で笑ってる。だからこの言葉ってのは、面白いんですがね。一つ皆さんの頭の中に小さなクエスチョンマークを作って、ゲストと交代としたいと思いますがね……。

「おい、どこ行くんだよ？　素通りはないだろう。聞こえねぇのかな？　オイ、ちょっと寄っていきな。オイオイ、どうしたんだよ？」

「あ、こんちは」

「こんちはじゃないよ、オイ。いつも陽気で明るいお前さんが、今日はバカに元気がないじゃないか？　どうした？」

「ええ……、犬が死んじゃったんですよ」

『行ったり来たり』へ続く

上方の噺家との交流

2016年12月21日　文京シビックホール
三遊亭円楽独演会　『一文笛』［*1］のまくらより

前席の『まめだ』［*2］って噺は、ほら三田純市さん［*3］が作って、サゲだけのためにあるような噺なんですがね。米朝師匠［*4］が、

「秋の小品としては、良《よ》ございましょう」

と言うんで、演《や》ってくれた噺でございます。それを、まぁ、自分の地元の両国近辺から人形町、そして本所というようなところに移動させて、もう少し季節感を出して彩りを加えて、何とかカタチにしたいと思いますんでね。また次に聴いていただくときには、趣《おもむき》が変わっていると思います。

そういう芸っていうのは、動きますからね。まして東と西でございますから、その西の噺《もの》を持ってきたり、あるいは東の噺を西の方が持ってってたりなんかする。そういう交流が非常に盛んになりました。ですから珍しい噺、あるいは聴いたことないような噺、あるいは西にはない噺が、東京から行ったりなんかするん

［＊1］『一文笛』…桂米朝作の新作落語。腕の良いスリだが貧乏な子供に同情し、足を洗おうと思いつつも罪を重ね、庶民の力になろうとするという人情噺。

［＊2］『まめだ』……三代目桂米朝が得意にしていた新作落語。膏薬売りの母のおかげで下っ端役者をしている主人公、ある日〝まめだ〟（子狸）に悪さをされたがそれに気づき投げをうった。その後に起きる不思議なことと、また哀愁のある結末がほのぼのとした気分にさせてくれる噺。

［＊3］三田純市さん……落語作家。随筆家。上方落語の名人たちとの付き合いが深かった。『まめだ』は三代目桂米朝に向けて書き下ろした落語であるとのこと。

で、これもまた楽しみの一つでございます。いずれは、どんな風になっていくんだろうなという。いつの時代もそうですな。

　今日演ります『一文笛』って噺も、これは米朝師匠が拵えましてね。非常に良い噺。笑いは少ないいんですがね、「何とかこれを江戸でもって演りたいな」と思ったのが発端なんです。

　で、お弟子さんの、その頃、小米朝といった今の米團治さん［＊5］、息子さんでございます。で、小米朝さんに、

「米朝師匠の『一文笛』を教えてもらえませんかね」

　って、言ったら、

「いや、ウチのお師匠さん、もう足腰も弱ってお稽古出来まへん。車椅子ですから、申し訳ございません」

　どうしても演りたい訳ですよ。「誰か上方で、教えてくれる人が居ないかな」と思ったら、ちょうどよかった、ざこばさん［＊6］。非常に仲良くさせていただいてます。米朝師匠から直伝で教わってますからね、東京へ来たときにお願いしたんですよ。「ざこば兄《にい》ちゃん、あのぅ、『一文笛』を教えてもらえませんかね？」

「おめえやったら教えてやるぅ！　わしがパッパパッパッて、教えてやらぁ、おい

［＊4］米朝師匠……三代目桂米朝。終戦後まもなく四代目桂米團治に入門。演芸評論家、正岡容に背中を押され、その頃衰退しかけていた上方落語の復興に五代目笑福亭松鶴らとともに尽力した。平成8年人間国宝に認定される。平成27年逝去。

［＊5］米團治さん……五代目桂米團治。三代目桂米朝の息子である。昭和53年米朝に入門し〝小米朝〟。平成20年〝米團治〟を襲名した。平成28年から上方落語協会の副会長として後進の育成に努めている。

ったぁー！」（爆笑）

　え〜、凄い勢いで教わりました（笑）。稽古があんな怖かったの初めてですよ（笑）。教わって演るようになってから、まだ存命中の米朝師匠とお会いして、「やっぱり本家に断っておこう」というんで、

「米朝師匠、ご無沙汰しています。円楽でございます」

「（耳に手をかざして）……ええ？　なんやて？」

「あの、円楽でございます」

「……え、圓楽はん[＊7]？　圓楽はんは、もう少ぉし顔の長いお人や」（爆笑）

「え〜、それは先代でございまして、その名前を継いだ楽太郎の円楽[＊8]でございます」

「ああ、楽さんや、楽さんや。久しぶりやなぁ。何や？」

「あの、……ざこば兄ちゃんに教わって、『一文笛』を演らさせていただいてます」

「（耳に手をかざして）もう少ぉし、大きな声で言ったたって」

「ざこば兄ちゃんから教わって、『一文笛』を演らさせていただいてます」

「『一文笛』なぁ……、あらええ噺やなぁ、わしも一遍演ってみたかった」（爆笑・拍手）

[＊6] ざこばさん……二代目桂ざこば。三代目桂米朝に入門し、〝朝丸〟。この朝丸時代にテレビ『ウィークエンダー』の活躍で有名になった。昭和63年に〝ざこば〟を襲名。

[＊7] 圓楽はん……五代目三遊亭圓楽。六代目三遊亭圓生の一番弟子。テレビ番組『笑点』では初期の大喜利メンバーとして活躍、「星の王子様」というキャッチ・フレーズで人気を獲得した。一時期番組から離れたが、後に大喜利四代目司会者として復帰した。平成21年逝去。

[＊8] 先代の圓楽と区別をするために前名を補足としてつけて呼ぶことがよくある。

どっかずれてるようでございますけどもね。

え～、とにもかくにも時代と言ってはそれまでですが、世の中がドンドンドンドン悪くなってまいりますなぁ。人殺しのべつ幕無しですよ。昔もあったんです。だけど昔はというと、分かり易かった。その人の交友関係、あるいは痴情、怨恨、金のもつれ、喧嘩の果て、そんなところを調べれば、すぐに犯人は捕まったんですよ。今はなかなか分からない。しょうがないからってんで、防犯カメラを解析して、犯人捕まえてみたらば、「誰でもよかった」って言うんです。ねぇ、誰でもよかったら洒落になりませんよね。

私だってね、地方公演行きまして、市民会館の館長さんに、

「今日は、どうもありがとうございます」

って、言ったら、

「いえいえ、落語家なら誰でもよかったんです」（爆笑）

って言われたら、本当に殺してやろうかと思いますよ（笑）。

泥棒がそうでしょう？　キャッシュディスペンサーを重機でもってぶっ壊して金を取ろうなんて、これは日本らしくないですよ。日本人は知恵と腕なんです。徳川の御金蔵破り……、「警護の目を盗んで、何とかあの金蔵を開けてやろうじゃねぇか」と、皆で相談する訳ですな。ブルドーザーでもって金のあるものをぶ

っ壊してかっぱらうなんて一番簡単ですよ。

第一、日本は平和ですよね。金のあるものを表に置いてあるんですから。自動販売機が、そうでしょう。どこへ行ったってありますよ。少し隙間があれば、みんなはめ込み型です、ええ。地方へ行きましてね、「何であんなとこが明るいんだろう?」と思って近づいてみますと、田圃の畦《あぜ》の外れ、外灯から自動販売機の電気とっててね、売っているんですよ。そんなところでも……、誰か買うんですな。誰も通りませんから、そんなところは、中に小銭でも入っててんだろうっていうんで、バールのようなもので、こじ開けて中の金をかっぱらってくる。また錠前を強くする、……イタチごっこですよ。だから自動販売機なんてのは、下をさらっているうちが華ですよね（笑）。

わたしの知り合いで、１人やってますがね（爆笑）。「この頃、どう?」って言ったら、「カード式になって、金が落っこってねぇ」（笑）って、そう言ってましたよ。そういう意味でも、世知辛い世の中になりましたな。

泥棒がそうですよ。空き巣狙い、もうその名の通り、人の居ない家へ入っていくから、空き巣なんです。

今、居ようが居まいが入って来ましょう?　人が居た場合には、これ強盗と名を変えるんですよ。罪が重くなるんです。相手が逆らったから、手え出して殴ろうもんなら、強盗致傷。刃物でもって、それでブスッとやって、それが元で死んだらば、強盗致死。ドンドンドンドン罪が重くなるんです。

だからやるんなら、空き巣までですね（笑）。空き巣は、良いです。「良いです」ってことはないですがね（爆笑）。盗られたほうも盗られたほうでもって、窓を破られたら、外から格子みたいなものを付けよう。あるいは強化ガラスにしよう。ドアを破られた。ワンドアツーロック、二つ付けようじゃないか。ホームセキュリティは、アルソックとセコムとどっちがいいんだ（笑）？　ねぇ、いろいろ悩みますよ。盗ったほうは盗ったほうで、とりあえず、捕まるまでは、なんとか生き延びることは出来ますからねぇ。両方にいいことがあるんですよ。やるんなら空き巣まで。

ね、昔の空き巣は手が込んでましてね、ハガキあるいは名刺、住所が書いてあるものを手に持ちまして、それを小道具にして、その家を探してるふりをして、人の居ない家を狙うんです。

「（手拭いを手に持ち）え〜と、このあたりかなぁ？　……えっ？　何ですか？」

「お手伝いしましょうか？」

「大丈夫です、ええ、暇ですからね（笑）、のんびり探しますんで。どうもありがとうございます」

……おせっかいだね、おい。一緒に探されて、ここへ連れてこられたからって、何の用事も無いんだよ。……人が途切れたな。いい塩梅だ。この家であたってみようかなぁ。

「（小声で）……御免ください。……御免ください」

「はい、何です？」

「あ、居たぁ、……すいません。この辺だと思うんですが、小川町ってどの辺でしょうなぁ？」

「まだ先になりますよ」

「あ、そうですか、どうもありがとうございます」

人が居ちゃいけないんだよ。居ねぇ家を狙ってんだからな。……ここも静かだな。ここ、あたりつけてみよう。

「（小声で）御免ください……、御免ください」

「はい、何ですか？」

「ああ、また居た。……あのぅ、このご町内だと思ったんですが、椎《しい》名《な》巌《いわお》さん［＊9］って方ご存じないですか？」（笑）

「……あんまり聞きませんね」（笑）

［＊9］椎名巌さん……桂歌丸の本名。

「あ、そうですか、ありがとうございます」

この手がいいな、これ使おう。……この家へ入ってみるか?

「(小声で)……御免ください。……お留守でございますか? お出かけでございますか? お出かけのときには鍵をかけてください。(戸を開ける所作)お忘れのようでございますね。……空き巣が入りますよ。いらっしゃらないでしょうね。奥に居ないでしょうね。ごめんください」

「下へ誰か来たのか?!」

ああ、2階に居たぁ。

「あのぅ、すいません、この辺に天野幸夫《あまのゆきお》さん［*10］って方は、いらっしゃいませんか?」(笑)

「早く言えよ、ウチがそうだよ」(爆笑)

「いえ、いえ、あなたじゃない天野さんです。どうも!」

ああ、驚いた。表札読んで入っちゃったんだよ、……なんてね(笑)。

この辺が落語らしくてよろしいようでございましてね。この上を行く泥棒がございます。何かと申しますと掏摸《すり》という奴。「我々は、危害を加えることなく、気がつかれないうちに懐のモノを盗んでくる。だから我々は、技術者である。職人である」って、変な自負がございましてね、昔の掏摸は腕比べをしたそうで

［*10］天野幸夫さん……三遊亭小遊三の本名。

す。

殿方が上着をお召しになって、内ポケットに財布を入れます。用心のためにボタンをかける。この2本の指でもって、そのボタンを外して財布を抜いてくる。「俺は、その上を行ってやろうじゃないか」って、ボタンを外して、財布を抜いて中の金を取って、また財布を戻してボタンをかける。「じゃぁ、俺は、その上を行ってやろう」ボタン外して、財布抜いて中のお金を取って、これを勘定して領収書を入れて戻したそうです（爆笑）。

時代が江戸から明治と変わりまして、名も東京と変わってしばらく経った頃のお話でございます。

『一文笛』へ続く

こんなことが言えるのは、地噺だけです

2017年5月9日　横浜にぎわい座
三遊亭円楽独演会　『お血脈』［*1］のまくらより

今日は、三席でございますけれども、まぁ、生き死に……、あるいは地獄極楽、いろんなことを言いますがな。とにかく何でも対《つい》になっています。例えば、今言った生と死、あるいは地獄極楽、男と女、皆、対ですよ。プラスマイナスね、大抵そうです。

で、今、男女平等とか、あるいは男女同権とか、男女共同参画社会とか、頻《しき》りにアドバルーン、上がってますがね、はっきり言ってまだ男社会でしょ？　だって、つい、このあいだまでそうですよ。わたしなんかも、あるいは、わたしより年かさの方ねぇ、何て育てられました？

「男が、ヘラヘラすんじゃねぇ、バカヤロウ。男だろ！　何、ニヤけているんだ。男なら、しっかりしろ！　泣くんじゃねぇ、男じゃねぇか！　女子供は黙ってろ」

［＊1］『お血脈』……信濃の善光寺にある〝血脈の印〟これを押し頂くと誰でも極楽往生とのこと。おかげで地獄は閑散。困った閻魔大王は大泥棒・石川五右衛門にその印を盗んで来いと命令した。さて結末は？　という何とも落語らしい噺。

って、こんな時代がついこないだまであったんですよ、ええ。じゃぁ、この日本って国は、ずっと男性社会なのかなと思って遡ってみました。

遡り過ぎましてね、神話の時代まで行っちゃったんですよ。ちょっと、そそっかしい部分もあるんですよね。で、神話を民話と見るか、寓話と見るか……、今、明治の時代じゃございませんから、寓話と見てもよろしゅうございましょう。

天照大神《あまてらすおおみかみ》っていう神様がいらっしゃいますよ。これは、女性神です。そして、太陽神でしょう。してみれば、寓話として考えれば、古代……、それこそ女性というのは太陽であり、そして信仰の対象なんですよ。最初に帝王になったのが卑弥呼でしょう。これ、女帝ですよ。え〜、で、天照卑弥呼伝説というのがございまして、同一人物だったんじゃないかという意見もございますなぁ。今、男系の天皇しか認められてませんけれども、以前はというと8人、2回継いだ方がいらっしゃいますから10代にわたって女帝が現れている、ええ。

だから、わたしに言わせれば、やっぱり女性のほうが偉いですよ。だってそうでしょう。根本が、そうなんです。「身《み》二つになる」って言いますけども、女の方が居なかったら、この世の中に人間は、誕生しないんですよ。男なんてのは、最初にちょっと手伝うだけです（笑）。あとは女性が、お腹の中で生命を育むんですよ、ね。

　だから、女性が偉いですよ。だけど、科学が進むと嫌でしょうね。そのうちにね、「女だけに産ませるのは、卑怯よ」ってんでね、人工子宮なんか作ってね。男がはめ込むようになって、「今年は、俺が産もう」ということを言いましてね。やっぱり会社に行かなきゃいけませんからね。臨月になっても、休む訳にいきませんよ。犬印のベルトつけましてね（笑）。肩で息をしながら満員電車乗って、妊夫専用列車なんて……。妊婦の「婦」が、「夫」という字ですよ。で、会社へ行って、その側でもって、昔の友達に会いましてね。

「田中、どうしたぁ？」

「いやぁ、臨月で苦しくてしょうがないんだ。休む訳にいかないからな。会社、出ているんだ」

「そうか、そりゃぁ大変だな」

「一体、誰の子だ？」

「ヨシコに犯された」

　ってバカな噺がありますがね（爆笑）。そんな時代が来るんじゃないかと思いますよ。その女性のことを悪く言った方がいらっしゃいます。

　何と言ったか、外面如菩薩内心如夜叉《げめんにょぼさつないしんにょやしゃ》。……見た目は菩薩のようだが、内心は蛇だ、鬼だ、バカだ、ブスだ。……わたしが言ったんじゃないですよ（笑）。わたし、女の方好きですからね。誰が言ったのかと申しますとね、あのインドのお釈迦様って方が言った。

そのお釈迦様が、木の股から生まれたかというと、そうじゃございません。お生まれになったのが、南天竺《なんてんじく》マガダ国迦毘羅城《こくがびらじょう》というところで、お父さんが浄飯《じょうぼん》大王《だいおう》、お母さんを摩耶《まや》夫人と申しましてね、生まれる前に、実は大罪を犯してるんです。

どういう罪かと申しますとね、親不孝の罪なんですよ。親不孝と言いましたけども、どんな親不孝か、その説明をする前に、知らず知らずに出来る親孝行……、何だと思います？　最初に出来る親孝行というのは、産声を発することとしてございます。十月十日、お腹を痛めた子供が世に出てくる「おぎゃあ」という声を聞いて、お母さんは、「ああ、我が子が生まれてくれた」、その場で、我が子であると認知するんですよ、父親が誰であろうとも（笑）。これは非常に大きな問題を含んでます。「その子の本当の父親は、母親だけが知っている」って名言がございますけどもね。

その産声を発して、親を安心させるのが、知らず知らずに出来る最初の親孝行。だから、親不孝と申しますと、生まれて来なかったんですよ。お母さんのお腹の中からなかなか出て来なかった。普通は十月十日、ところがお釈迦様は、3年3ヶ月、お母さんのお腹の中に居たそうです。

　これが世界最高記録かと思って、ギネスブック調べましたらねぇ、あの中国に老子って方がいらっしゃる。この方が、六十余年間お母さんのお腹の中に居たそうですよ。生まれたときに、もう白髪の老人なんです（笑）。だから、老いたる子と書いて、老子という名前を付けましたね。

　ところが、胎教というので、お腹の中で学問を修めてます。へその緒から情報は入ってまいりますので、生まれたときから大変に知識がある。直ぐにお弟子さんが付きましてね。ある日のことでしたが、老子先生に訊いたそうです。

「老子先生」

「何です？」

「先生は、お母様の胎内に、六十余年おいでになったそうでございますが、母の胎内というのは、そのように過ごし易いところでございますか？」

「大変に過ごし易いところでございます」

「ほ、ほう。季節で申しますと、いつ頃でございましょう？」

「寒くなく、暑くなく、ちょうど秋という気候でございますか……」

「……秋、何故それがお分かりになりました？」

「下から時々マツタケが出ます」(笑)

と、これはサービスでございます(爆笑)。想像力の豊かな方だけ、分かっていただければ結構でございます。ご説明申し上げませんよ(爆笑)。

お母様の胎内から、3年3ヵ月経って出てまいりまして、7歩歩いて、天と地を指さした。「天上天下唯我独尊《てんじょうてんげゆいがどくそん》」、天地間に我一人、「世の中で、俺が一番偉《えれ》ぇんだ!」、立川談志[*2]みたいなことを言った訳でございます(笑)。そんなことを言う訳ないですなぁ、これはね、天上天下唯我独尊、よく、あのう、暴走族や何かがね、袖や何かに書いてありますよ。「御意見無用」とかね、「喧嘩上等」とかね、「天上天下唯我独尊」って書いてますけどね。あれは、「俺が一番偉いんだ」って、お釈迦様がそんなこと言う訳ないんです。これは哲学で、ございますからね。

あの下から読むんですよ。唯我独尊、たった一つの尊き者、これは、もう皆さん、直ぐにお分かりになりますなぁ。命というものでございますよ。かけがえのない命、これをもって、わたしはこの世の中に誕生いたしました。え〜、天上天下、つまり世の中に、たった一つの命をもって誕生したんですよ、ね。

平民宣言みたいなもんなんですよ。と言うのは、誰とも交代出来ない、自分の人生なんだ。だから、一所懸命頑張りますって、人間宣言です。だから、釈迦力《しゃかりき》

[*2] 立川談志……昭和27年五代目柳家小さんに入門。昭和38年真打昇進、七代目立川談志を襲名。昭和41年テレビ番組『笑点』を企画しスタートさせる。昭和46年参議院議員選挙に当選。昭和58年弟子の真打昇進問題をきっかけに師匠小さんと対立、落語協会を脱退した。同年落語立川流を創設し家元となる。平成23年逝去。

って言葉がございますでしょ？　一所懸命やることを、「釈迦力になる」。だから、お釈迦様は、「俺が偉い」だったんじゃなくて、「自分の人生、一所懸命に歩んでまいります」というのを言った訳でございます。ねぇ、今日の落語は、タメになるでしょう（笑）。どちらかというと、落語会ではございません。今日は、講演会に近《ちこ》うございますんでね。

で、これを八卦見《はっけみ》が見ましてね。釈迦族の皇太子のシッダータでございますから、お父さんの跡を継げば立派に政《まつりごと》を治めるであろう。あるいは、人を救う道に進めば、大変な悟りを開くであろう。どちらを取るか見ておりますと、長ずるに従いまして、檀特山《だんどくせん》という山へ登って、アーラーラ・カーラーマ行者について仏教を学んだ。

今で言うと仏教大学インド本校でもって学んだ訳ですよ。日本にもありますでしょう？　例えば曹洞宗ですと、駒澤大学とかね、あるいは立正大学とか大正大学とか、仏教系の大学がありますよ、ね。だから、あの大学やなんかは宗教行為教育していいんです。あと森友学園は別です（笑）。あそこは、幼稚園からやってればイイんです（爆笑）。

だから、私共なんかね、青山学院大学へ行きましたでしょう。別に、わたしはキリスト教じゃなかったんですがね。クリスチャンの学校ですから、やっぱりキリスト教概論というのを、やらされましたよ。あるいはね、聖書講読なんていう時間があってね。宗教教育をされました。

だけどよく考えたら、日本は八百万《やおよろず》の神がいて、そして仏教があり新仏教があり、そして様々な宗教があるんです。だから、これはどのように何を信仰しても、よろしゅうございますけどもね。ただ面白かったのは、青山学院大学に入って、その頃、東都の野球部で1部リーグを戦っておりました。

その練習試合を見に行ったんですよ。神宮の第2球場、対駒澤戦、その後《のち》太田（誠）監督［*3］というね、名将がおりましてね。青山学院大学と戦ったんですね。そのとき面白かったですよ。あの野球分かんない方は、聞き流しておいてください（笑）。

ワンアウトランナー3塁でもって、ウチの学生が外野フライを上げましてね、外野がぱっと取った瞬間に、3塁ランナーはタッチアップといってホームを駆け抜ければ、これで1点入るんです。ワンアウトランナー3塁、その場面でもって、外野フライを上げましたらば、タッチアップした青山学院大学の学生が、ホームへ入ろうとした瞬間に、駒澤のキャッチャーが、プロテクターの下から聖書を（ホームベースの上に）置いたんです（爆笑・拍手）。敬虔なクリスチャンである青山学院大学の学生はこれを踏むことなく、タッチアウトになったんですよ。

［＊3］太田（誠）監督……昭和46年駒澤大学野球部監督に就任。その後35年にわたって監督を務めた。令和元年、駒澤大学硬式野球部終身名誉監督に就任。

その次の回で同じような場面でもって、青学のキャッチャーが仏教典を置いたら、アイツら平気で踏んで行ったんです（笑）、ええ。……嘘ですよ。何か作ってやろうと思いましてね。

釈迦は一所懸命勉強しまして、首席で卒業した。卒業したんですけれども、カースト制度もありますし、就職難。せっかく覚えた仏教を広めるところが無い。で、同級生の阿弥陀様と相談を始めましてね、

「阿弥ちゃん、阿弥ちゃん、阿弥ちゃん」

「なあに？　釈《しゃ》ーちゃん」

「釈ーちゃん？　軽いなぁ。あのう仏教を覚えたけれども、広めるところが無いねぇ。あの、聞いたんだけどね、あの、東のほうへ行くと、ジパング、日本という国がある。ここが、神国、神様の国らしいんだ。うん、で、後《のち》にね、森さん［＊4］てぇ人がね、『日本は神国だ』っつってね、首相をクビになったりなんかするんだよ」（爆笑）

古い事件だけども、森さん元気ですね、相変わらずね（笑）。オリンピックの責任者ですからね。そう言えば、歌丸師匠、あの、……大丈夫ですよ（笑）。もう直ぐ退院出来ます。なんで、今、思い出したかというと、このあいだ見舞いに行ってね、「どうですか？」って言ったら、

［＊4］森さん……森喜朗、第85、86代内閣総理大臣。平成26年、東京オリンピック・パラリンピック競技大会組織委員会会長に就任。令和3年、東京五輪組織委員会会長を辞任。

「いやぁ、楽さん、大丈夫だよ。5月中には退院してね。またね、一所懸命リハビリをするからね。……だけどなんだなぁ、森ってのも何か言ってるけども、小池［＊5］も何か言ってるな。東京オリンピックも大変だけども、……だけど、まぁ、東京オリンピックがまた見られると思わなかったな」

「見られるといいですね」と言ってきました（爆笑）。もう少しですから、何とかね、今、車椅子でもってね、出歩いてますけどね。

もう、今、高座出るのも歩けなくなってます。だから、緞帳《どんちょう》［＊6］下ろしてね、皆でもって、高座《ここ》へ連れてきてね、手を貸して座らせるんですがね。「もう、こうなったらね、落語にしがみついてください」とお願いしたんですよ。もう、座布団敷かないんです、歌丸師匠のときは。……ええ、介護ベッド（笑）。ここに介護ベッドを置きましてね、出囃子と共にスイッチ入れて起き上がってくるんです（笑）。こうやって起き上がって、出囃子が終わったら喋り始めるんです。そうすると、お客様がね、お見舞いの客になる訳ですよ（笑）。それで、「爺さんの遺言聴く会」ってので日本全国回ろうって話が持ち上がりましてね。何の話をしてましたかな（爆笑）？

噺が横にそれます。こういうの地噺《じばなし》［＊7］と申しましてね。自分の地で喋るんですよ。思いついたことを、ドンドン喋ってね、お客様の反応を見ながら。最初

［＊5］小池……小池百合子。現・東京都知事。ニュースキャスターを経て平成4年政治家へと転身。平成28年女性初の東京都知事となり現在に至る。

［＊6］緞帳……どんちょう。ある程度の規模のホールにある客席から舞台を隠す幕。通例は上部に格納され、開演・終演の際に上げ下げされる。

［＊7］地噺……通常、落語は会話体を中心に噺を進めていくが、地噺は噺家自身の言葉で状況や心理を伝え進行させてゆく。

に教わったときは、こんな噺は7分ぐらいしかなかったんですよ。それに枝葉が出来てね、いろんな噺をするようになって、思いつきで喋りますとね、それこそ1時間、2時間平気で喋れます。

お喋りって嫌なもんですね。こうやって喋りながら何をしてるかというと、どこまで行ったか思い出してるんですよ（爆笑）。だから、生でなきゃいけないんですよ。放送や何かだったら、撮ったものを切られる。あるいは生放送でも、時間を言われて、その通り演んなきゃいけない。今日はいいんです。連休明けに来ていただいたお客様ですから（笑）。もう、時間なんか気にせずに喋りますからね。多分ね、母心［＊8］が調整してくれると思いますんで。人任せですよ。あるいはね、休憩を調整するとか、あるいは、まぁ、今日はこれだけでございますからね。4時過ぎたって、演ってるとかね、いろんなことを考えながら演ってますよ。

こうやって喋りながら、今どこまで行ったんだっけなと（笑）。歌丸師匠のところからおかしくなったんですよ。とにもかくにもね、八卦見が見たところは、……やりましたなぁ、……宗教戦争もやりました、ね？　本当に、どこまで行ったか、分かんなくなっております（爆笑）。これが面白いですよ。ええ、大丈夫です。何とか繋ぎますから。忘れましたって言えるのは、地噺だけです。

［＊8］母心……はほごころ、漫才協会に所属するお笑いコンビ。二人共に別の職業もこなす二刀流コンビ。片方が現役の県議会議員でもあることをベースに軽妙に笑いをとっていく。

普通の噺はね、「すいません。忘れました」って言うと、しくじっちゃうんですよ。そういうとき、どうするか知ってます？　ね、忘れたふりしないんです。もう、そのまま喋ってんです。

「だから、ほら、隠居さん、あれですよ、ほらほら……」

「何が、言いたいんだよ」

「ほら、ここまで出てるんだ。あのね、何だっけな？　あの人がね……」

「何だよ」

って、言って考えながら喋るんですよ。そうすっと、御通家のお客さんも、「あ、新しい演出かな」と思ってくるんですよ（笑）。ええ、まだ思い出してないんです（爆笑・拍手）。いやこれは本当です。誰か助けてください。

『お血脈』へ続く

掛小屋風景

２０１７年５月９日　横浜にぎわい座
三遊亭円楽独演会　『死神』［*1］のまくらより

もう一席のご辛抱でございますんでね。気を確かに持ってお付き合いください（笑）。皆さんもお疲れでしょうけども、わたしもお疲れでございますよ（爆笑）。とにもかくにも、娯楽ってのは良いもんですなぁ。いろんな楽しみ方がございます。今の時代は公営ギャンブルから、それこそ携帯電話でも遊べますし、ゲームもありますしね、パソコンもありますし、さっきの噺の『宗論』［*2］じゃございませんけど、何かを観に行ってもよろしゅうございますしね、何でもあります。

昔は、それほど遊び場がございませんな。男の遊びというと、「飲む。打つ。買う」、ええ。女の方が、「芝居、唐茄子、芋、こんにゃく」としてございます。お芝居を見るだけで、あとは炭水化物みたいなもんですな（笑）、食べるだけ。また男ってのは、勝手なもんですよ。信心にかこつけてね、講中《こうじゅう》［*3］なんても

［*1］『死神』……貧乏な男が死神と出会い、おかげで大儲けをするが大事な約束を破った為、命を司る場所に連れていかれる。男の運命は……。という長編落語。三遊亭圓朝がグリム童話を翻案したものと言われている。

［*2］『宗論』……キリスト教に入信した息子を嘆く浄土真宗の親父、この親子のやり取りを面白おかしく描く噺。演者によっては宗派や設定を変えてやる場合もある。

［*3］講中……〝講〟とは同じ宗旨の仲間、これを編成して神仏に詣でること。

のを作って、富士講とか大山講、大山詣《まい》りに行くついでに、綱島あたりで遊んだりなんかする。富士講なんといって、品川でもって遊んで帰ってくる。信仰と遊びが背中合わせでございますよ、表裏一体。

ですから、人間の欲ってのは、いろいろあるもんですけれどもね。女の方は、そういうところへ入れません。女人禁制な訳じゃないんですよ。旅が出来なかったんですな。学校で習ったでしょう？　江戸の町では、「入り鉄砲に出女」、女がどっか行こうとすると怪しまれるというんで、町内を離れられないんですよ。ですから何をしたかというと、江戸で言いますとね、回向院［＊4］とか、あるいは浅草の奥山［＊5］、こういったところに見世物小屋ができましてね、そういうところへ遊びに行った。信州の善光寺の御開帳ですとか、比叡の秘仏の開帳とか、信仰がてらそういったものを見に行く。

そうしますと、怪しい掛小屋もございましてね。いろんなものを見せてくれました。

「(口上) ささ、まぁ、近《ちこ》う寄って、御拝遂げられましょう。ここに安置し奉るは、右大将頼朝公［＊6］が頭蓋骨《しゃれこうべ》。御拝遂げられましょう。間近に寄って、御拝遂げられましょう」

「坊さんが何か言っているよ。……え？　頼朝公の頭蓋骨？　そんなものがある

［＊4］回向院……えこういん。墨田区両国にある浄土宗の寺。本所地域にあったことから、本所・回向院と呼ばれていた。明暦の大火による死者を幕府の命により葬った。

［＊5］浅草の奥山……浅草寺の北西あたり一帯をこう呼びならわした。見世物や大道芸などが並び盛り場として人気が出た。名前の由来は江戸の中心から見て浅草寺(金龍山)の奥にあったことからと思われる。

［＊6］右大将頼朝公……右近衛大将(うこんえのだいしょう)の略称が右大将。源頼朝が1190年頃に任じられた位。

込むよ」


のかねぇ、おい。ちょいと、覗いてみようか？　……おい、木戸銭、ここへ放り
「あったかい？」

「こっち来い、こっち来い」

「……これかい？　随分小さな頭蓋骨だなぁ、おい。……ちょいと、訊いてみよう。……おい、若い衆！　若い衆。今、頼朝公の頭蓋骨って言っていたがね、『拝領の頭巾、梶原縫い縮め』って、頼朝公ってことは頭の鉢の大変大きな人って聞いてたけど、これはバカに小せぇなぁ」

「もっとも、それは幼少のみぎりの頭蓋骨」（爆笑）

　また、別の掛小屋でね、

「さぁ、さぁ、通られましょう。通られましょう。十八間の大灯籠、十八間の大灯籠……」

「……おい、聞いたか？　おまえ。十八間の大灯籠？　灯籠なんて、おめぇ、幾ら大きな灯籠でも、五尺か六尺だよ。それより大きなものは、たまにあるけど、十八間って言ったら、おまえ、……（両手を広げて）これが一間だよ。これが、十八？　これを縦にしたら、（見上げて）上から突き出そうなものだよ、見えねぇな。……ちょいと、見させてもらおうか？　見させてもらうよ……」

「何かあったか？」

「見えねぇ、こっちへ行ってみよう」

「何もねぇな……、うん？　表へ出ちまったよ。何もなかったなぁ」

「何もねぇ」

「前へ回って訊いてみよう。おい、今、入《へえ》ったんだがなぁ、裏へ抜けちゃった。ええ、十八間の大灯籠って？　何もなかったぞ」

「え〜、皆さんが、今、入りまして裏まで十八間（……笑）。十八間の通ろう、通ろう、大通ろう（大灯籠）」（爆笑）

「くだらねぇなぁ、おい（笑）。小屋の中を抜けただけだよ」

「（別の口上）さぁ、さぁ、御覧なさいよ！　六尺の大イタチ、六尺の大イタチ、さぁ、六尺の大イタチだ！　山からとって来た六尺の大イタチ、近寄ると危ないよ。近寄ると危ないよ、六尺の大イタチ」

「六尺の大イタチ？　だって、おめぇ、イタチなんてのは、（肩幅に手を広げて）これっぱかりのもんだよ。幾ら大イタチって、精々犬より大きい……イノシシよりは、小せぇ。そんなもんだな、六尺ったら、おめぇ、相撲取りよりあるじゃねぇか、見させてもらおう……。なんか立てかかってらぁ、……板が立てかかっている（……笑）。真ん中に赤《あけ》ぇものがあるなぁ、何だろうな、これぇ？　おい！

呼び込みさん！　すまねぇな、ちょいと、訊きてぇんだが、あの、六尺の大イタチってのは、どこに居るんだい？」

「そこにありますよ」

「……『どこに居る』って訊いてんの」

「だから、そこにあるんですよ」

「何だよ、その『ある』ってのは？」

「立てかけてあるでしょう？　それが、そうです」

「これは、板が立てかけてあるだけじゃねぇか」

「だから、真ん中を御覧なさい。あの……、血が付いているんですよ、ええ（……笑）。板に血が付いて『板血』なんです」（爆笑）

「板に血が付いていて、『イタチ』？　六尺の大イタチ……？」

「その板、六尺あるんですよ」

「山でとって来た？」

「海じゃとれませんから」（笑）

「近寄ると危ねぇって？」

「倒れそうです」（爆笑）

「って、ロクなものはねぇなぁ、おい。……え、何だい？　呼び込みか？　この爺さん？　爺さん、俯《うつむ》いて、入り口で何かブツブツ言ってる」

「何て言ってるんだい？」

「……え？　聞こえねぇな、え、何？」

「……べな、……べな、……べな」

「……べな？　『べな』って言ってんの？　……おう、爺さん、中にあるのは、『べな』かい？」

「……べな」

「べなって何だよ？」

「……べな」（笑）

「『べな』しか言わねぇよ。……見させてもらおうか？　木戸銭はこのザルの中でいいのか？　……ええ、何かあったか」

「（手招きして）鍋が伏せてあるよ」（……爆笑・拍手）

「やられたねぇ、おい。鍋が伏せてあって、『べな』、はぁ〜、『べな』なぁ……（笑）。こりゃぁ、『べな』だぁ」

　これで、終わりませんでね。

「おい、よっちゃん、よっちゃん、よっちゃん」

「何でぇ？」

「お前、『べな』見たか？」

「何？」

「両国で、回向院の『べな』見たかい？」

「……『べな』？　俺、見てねぇ」

「お前、見てねぇの？　……八っちゃん、お前、見たな？」

「俺は見たよ」（笑）

「あの『べな』は見なきゃダメだな？」

「ああ、『べな』は見なきゃダメだ」（爆笑）

「……じゃぁ、俺も行ってみよう」

　って、皆が行ったそうですね（笑）。で、とある方が、出開帳をしようってんでね、いろいろとやってみたんでございますけれども、どうも上手くいかない。じゃぁ、いっそのこと、江戸っ子は剽軽《ひょうきん》だから、貧乏神の開帳でもやったら見に来るんじゃねぇかってんで、貧乏神の開帳してみた。これもまた人が来ない。

「もう止《よ》そう。いろいろやったけれどもね、人が来ないよ、貧乏神じゃぁ。止《や》めよう」

「いやいや、私にもう一押しさせてください」

　って、この人は何をしたかと申しますと、今で言うと、かわら版……、チラシみたいなものを拵えましてね、これを江戸中に配った。そうしましたら、これからまぁ、「押すな、押すな」の大繁盛。人が大変に寄るようになった。このチラシに何て書いてあったかと申しますと、

「何時何時《いついつ》かより両国の回向院境内において、貧乏神の出開帳をいたします。是非挙《こぞ》ってお出でください。お出で願えない場合は、こちらから参ります」

と、書いてある（爆笑）。こんな貧乏神に来られちゃ堪らないってんでね、大変に人が来たそうでございます。

偽りのある世なりけり神無月　貧乏神は身をも離れず

「おい、今、帰った」

「お金《あし》は出来たのかよ？」

「……出来ねぇんだよ」

「何て、借りて歩いてんだよ？」

『死神』へ続く

掛け声、あれこれ

2017年9月11日　横浜にぎわい座　三遊亭円楽独演会
武士の出てくる噺色々　権力と笑いの戦『たがや』［*1］のまくらより

今、ウチの事務所の人間が、そこの真金町《まがね》の老夫婦のウチへお訪ねをして、生存を確かめてまいりました（爆笑・拍手）。誰とは言っておりませんからね。真金町というところに、一組の老夫婦が住んでましてね（笑）。で、お爺さんがずっと酸素を吸いながら（笑）、苦しい思いをしながら落語にしがみついている。お婆さんは、そのお爺さんを放ってハワイに行きたいんでございますけれども（爆笑）、入院がちでございますから、行けないという状況でございましてね。こないだも電話しましして、

「どうですか？　師匠の様子は？」

「それが楽ちゃんさ、生憎、回復に向かってんのよ」（爆笑・拍手）

何か、日本語を間違えてるようでございますがね。そんな状態ですから、なかなか遊びにも行けないそうです。仕事ですとね、前座さんがついて、マネージャ

［＊1］『たがや』……両国の川開きの日。橋の上は花火を待つ大勢の群衆、その混雑の中を馬にまたがり供を従えた武士が来た。反対側から来た桶職人のたがやがこの武士と鉢合わせをしてしまう。無礼討ちにされそうなたがやが開き直り大喧嘩が始まるという噺。

ーさんがついて、酸素を持っていって、それを付けて落語を演っていれば何とかなりますけども、どっか行って買い物をしようとかね。あるいは、ちょっと散策をしよう、銀ブラ［*2］をしようと、……そういうことが出来なくなりました。

ええ、辛いでしょうな？　ずっとウチでもって、古女房の顔を見てんのも、ねぇ（笑）。

で、お好きなのは、歌舞伎なんですよ。それを観に行けないから、辛いって言ってましたな。

「行ったらどうですか？」

って、言ったら、

「……だけど、お客様ね、歌舞伎を観に来てんの、歌丸が酸素を吸いながら歌舞伎を観ている姿を横から見られてててね……（笑）。こっちも集中出来ないから、つまらねよ」

って、そう言ってました。また役者さんにご迷惑かけてもいけないと言うんでね。ご贔屓筋でございますからね、大変にそういったことに、気を配るんです。

だけど私共も、東京にいた手前、高校生の歌舞伎教室から始まってね、この世界に入りましたらば、古いお師匠さんたちが、

「歌舞伎は、見ておきなさいよ、所作事があるから……。そういったものを噺家

［＊2］銀ブラ……東京の銀座が中心地の繁華街として有名になり、その銀座でウィンドウ・ショッピングなどをしつつブラブラ歩くこと。この言葉は大正時代には成立していたようだ。

は見なくちゃいけない。噺から歌舞伎に行ったものもあれば、歌舞伎から噺に来たものもある。そんなものを見ておくと、芸の多足になるんだから……」

と、言われました。そう言われてね、観に行きましたけども、……とにかく大げさですね（笑）。こればかりのセリフこんなに言うんですよ。

「（歌舞伎の口調で）何がぁ！　とぉっ、何とぉー！」（笑）

これ落語で演ると簡単ですよ。

「どうしたの？」

って、それだけですからね（爆笑・拍手）。

また、団体（客）を、一時苦しいときには呼びましたよねぇ。御招待会なんてのがございました。大手の企業がね、幾ら買うと、御招待。あるいは、お取引先の代理店さんの御招待とかいうんで、私共も好きで観に行っておりましたらばね。招待券を持ってね、受付行ってね。ナニナニ様御一行とか、いろいろ書いてある訳ですよ。代理店様とかね。で、そこへね、チケットを出しますとね、なんですか、遺骨収集団みたいな白い箱をもらってね（笑）。あてがい扶持《ぶち》の弁当ですよ。で、それを開いてね、ワンカップかなんか付いている。それをチビチビ飲みながら、この辺に置いて、お弁当食べてるんですよ。

そうすると、トン！　パラン、カーン！　なんてねぇ、見得や何かを切る。

と、3階から、掛け声屋さんが掛け声をかけますなぁ。キチンと見得を切ったところで、

「とやぁ（音羽屋）！」

ってなことを言うんですよ。ええ、あれが、まぁ、良いですなぁ。ところがまぁ、そういったことを知らない方が集まってますからねぇ。それこそ、掛け声がかかるとね、

「……何でしょう？　静かに観ればいいのに……（笑）、あんなに騒いで」

ってなことを言い始めるんですよ。

「中村屋！　播磨屋！」

ってなことを言いますね。……自分たちも、そのうち何か言わなきゃいけないと思うんでしょうね（笑）、

「松坂屋！」

ってなこと言ってね（爆笑）。歌舞伎が何か中途半端に、見得を切るようになっちゃいますよ。中には端役の役者が見得を切りますとね、

「赤札堂［＊3］！」

てなことを言ってね（笑）。赤札堂ってのはないでしょうけれども……。歌舞伎の掛け声ってのは、屋号ですなぁ。

［＊3］赤札堂……東京下町に展開する大型スーパーマーケット。上野にある赤札堂はビル全体を「ＡＢＡＢ」とネーミングしてファッション営業をしていたが、令和6年6月閉店する。

［＊4］新派……歌舞伎とは別に明治期にスタートした演劇一派。歌舞伎を旧派として現代劇を新派と称した。歌舞伎の掛け声とは少し違い、役者の名字を呼ぶことがある。

［＊5］大矢……大矢市次郎。俳優、新派生え抜きの名脇役として活躍した。

［＊6］伊志井……伊志井寛。俳優、大矢らと共に新生新派を結成し人気を博した。

これが新派［＊4］にまいりますと、名字でありますな。

「大矢［＊5］！　伊志井［＊6］！　水谷［＊7］！　良いぞぉ」

てなことを言うんですよね。島田正吾［＊8］さんでもそうでしょう。だけど、ああいう名優に対して呼び捨ては失礼だから、「さん付け」にしたらどうだ。あれ、新派を「さん付け」で呼びますとね。あんまりカタチが良くないですよ（笑）。

「大矢さぁん（笑）、水谷さん、伊志井さん。お薬3日分」（爆笑）

薬屋へ行ってるようで、いけませんけどもね。

噺家は住んでいる町名でもって、声が掛かります。例えば亡くなった（八代目桂）文楽師匠［＊9］、上野の黒門町ってとこに住んでいました。良いところですよ。ですから、めくりが返る。出囃子が鳴る。噺家が現れますな。文楽師匠ですとね、

「黒門町！　たっぷり！」

ってなことを言うんですよ。この住まいも良いですよ。例えば（八代目林家）正蔵師匠［＊10］ですと、

「稲荷町！」

ってなこと言ってね。で、圓生師匠［＊11］ですと、昔は魚籃坂《ぎょらんざか》に住んでまし

［＊7］水谷……水谷八重子。女優、大正の頃に登場し人気を博した。現代の水谷八重子は二代目である。

［＊8］島田正吾……新派とは別に創設された〝新国劇〟。歌舞伎の剣劇をよりリアルに追求することで男性客の人気を得た。島田正吾はその大スターであった。

［＊9］八代目桂文楽……昭和の落語界で名人と呼ばれたうちの一人。持ちネタは多くなかったそうだが、『明烏』を始めとしてどの噺も隅々まで精緻に磨き上げられた芸であった。昭和46年逝去。

［＊10］八代目林家正蔵師匠……先代林家正蔵。後に〝正蔵〟の名を海老名家に返し、自身は〝彦六〟となった。

た。三田の魚籃坂、それが後に新宿の柏木でしたんでね、古い方は、

「魚籃坂！」

で、そのあとの方になりますとね、

「柏木！」

ってなことを言う。これも良い町名ですよ。ただあの、そういう掛け声を掛ける方は居なくなりましたけども、御通家でもってまだ掛ける方がいらっしゃるとすると、良いところに住まなきゃダメですよ（笑）。中には、噺家名簿を見ますとね、個人情報ですけど、ロクなとこに住んでない奴もいますよ（笑）。噺家が出た途端にね、

「草加松原団地（爆笑・拍手）！　2号棟」

ってなこと言われてね。団地の2号棟まで知られてちゃ、洒落になりませんな。

で、花火という奴。これが一番掛け声が難しかったそうでございますね。花火がポーンと上がりますな。上で開いて、で、水面《みなも》に落ちるまでに声を掛けなくちゃいけない。

「上がったぁ！　上がったぁ！　玉屋ぁぁぁぁぁぁぁぁ〜、……ジュッ」

と、ここまで掛け声を掛けなくちゃいけない（笑）。


怪談噺、芝居噺を得意にしていた。昭和57年逝去。

［＊11］圓生師匠……六代目三遊亭圓生。言わずと知れた昭和の大名人。五代目圓楽の師匠であり、六代目円楽の大師匠にあたる。持ちネタの幅の広さや、その深みのある語り口は現代の古典落語に大きな影響を与えた。昭和54年逝去。

「橋の上　玉屋玉屋の声ばかり　なぜに鍵屋と言わぬ情（錠）なし」

という狂歌が残っておりますけれども、花火屋さんというと江戸時代は、鍵屋さんと玉屋さんと、この2軒が競って花火を上げたそうですな。侍の方が、鍵屋を応援した。で、町人は、橋の上や土手やなんかでもって、「玉屋ぁ！　玉屋ぁ！」って訳ですな。お侍様は、屋根船、あるいは柳橋か何かのね、料亭でもってね、豆奴だとか、冷奴なんて（笑）、芸者衆をはべらかしてね、一杯やりながら、覗きながら花火を見るんですよ。

「（静かな口調で）……近藤、見事に上がったな。褒めてつかわそう。……鍵屋」

って、あんまり良い褒め方じゃないですな（笑）。やっぱり、「玉屋ぁ！　玉屋ぁ！」と褒めたほうがいいですよ、ええ。

「夏の涼みは両国の　出船入船屋形船　あがる流星星くだり　玉屋が取り持つ縁かいな」

という『縁かいな』という小唄がございますなぁ。これ、端《はな》はみんな分かりましょう？　夏の涼みは両国の出船入船屋形船、あがる流星星くだり……、これは花火ですな。玉屋が取り持つ縁かいな……。「何で、花火が縁になるんだろう？」と思って、ずっと疑問だったんですよ。古い方に訊いたら、ようやく分かりました。

昔は浴衣掛け、あるいは着物でもってお出かけになりますな。夕涼みがてら、花火を見に行く。花火がポーンと上がりますと、「玉屋ぁ！」、ね、その晩には、女の人も出歩くことが出来ましたんでね。「今日は、花火だから見に行こう」というんで、若い女の子やなんかも見に行って、「玉屋ぁ」ってなこと言ってる訳ですよ。皆、上を見てますから、胸元《この》へんがお留守になるんです。

お着物を、お召しになる方はご存じでございましょう。男の着物っていうのは、脇が開いておりませんが、女の着物というのは、身八《みや》つ口《くち》というんでね。脇が開いているんですよ。「あれは風通しの為かな」と思ったら、そうじゃないんですな。花火の夜の為に開けてある（笑）。

皆が上を見ますんでね、この辺がお留守になりますから、ちょいと悪戯《いたずら》っぽい奴が、「イイ女だな」と思うと、「玉屋ぁ〜！」ってなこと言って（笑）、この身八つ口から手を入れるんですよ。

「（手を女性の胸元に差し入れながら）玉屋ぁ〜、……大きい」（爆笑）

てなことを言いましてね。

「何をなさるんですか？」

「へへ、どうも、洒落が済みませんで」

てね、そんな話をする、ヒョイと見ると好ましい殿方ですから、まぁ、悪い気

はしない……、

「ふざけちゃいけませんよ」

「どうも、すいません。お詫びに蕎麦屋の2階でも……」

なんてことを言って、一杯飲みながら女を口説いて、そしてそれが縁でもって夫婦《めおと》になる。ですから、「玉屋が取り持つ縁かいな」って、乙な文句が残っております がね。

もう花火の当日になりますと、橋の上は立錐の余地もございません。旧暦の7月でございますから、今、夏の真っ盛りでございます。

「寄れい！　寄れい！」

武士鰹、大名小路生鰯と、江戸の名物の筆頭に掲げられた、お侍さん。供侍を連れまして、槍持を一人連れて、馬上豊かに、それこそ石高で言いますと御大身なんでございましょう、声が掛かる。「寄れい！」という声が掛かりますと、本所方から道が一本、ピャァーッと割れましてね。今まで立錐の余地もなかったのに、どう詰めたんだろうと思うぐらい、道が出来る訳ですよ。

だってそうでしょう？　何かしたら、「無礼者！」ってんで、無礼討ちでございますから、「いけねぇ！」てんで、皆が寄った。すると、スッと道が出来た。

あのねぇ、『珍島《ちんど》物語』［＊12］みたいなものですよ（笑）。お侍さんが通って行

［＊12］『珍島物語』……平成8年発売、天童よしみのヒット曲。

くのよってなもんですよ。

気持ちよさそうに馬上豊かに、パッパ、パッパ、パッパ、パッパと両国橋の上に入ってまいります。

『たがや』へ続く

退屈なお殿様

2017年9月11日　横浜にぎわい座　三遊亭円楽独演会
武士の出てくる噺色々　権力と笑いの戦『目黒のさんま』［＊1］のまくらより

今日はお武家様の出てくる噺を演っておりますが、我々が学校で習ったのは、士農工商という。……そういう習い方をしましたが、今はそう教えないそうですな。と、言うのは士農工商としていると、その下があるという、いわゆる差別問題なんでございましょう。けれども、そこまで気にしたら何も出来ませんでね。上意下達と申します。江戸の時代は、上からの教育、上からの考えが下へ達するような仕組み作りがされましてね。

とにもかくにもお上からの言い草はというと、

「民百姓たるものは勤勉に実直にお上の為に尽くすように」

と、まずお上があるおかげで、その方たち糊口《ここう》が凌げるのであるから、一所懸命勤勉に働きなさいという。お上の為にというのが残っておりますから、日本人の頭の中には常にお上、国、あるいは役人にとっては、逆らってはいけないもん

［＊1］『目黒のさんま』……ある日殿様は野駆けの途中、目黒で休み、たまたま農家で焼いたさんまを初めて食べた。そしてその美味さに衝撃を受け、以来食べたくて仕方がない。だが庶民の食であるさんまは武家の膳には出てこない。後日知り合いの大名から食べたいものを尋ねられさんまを所望するが……、という噺。サゲのセリフが有名。

だというDNAが組み込まれているんですな。政治に対して何か言ってやる。あるいは役所に何か言う、言う人もいますけれども、まぁ、しまいには、「しょうがないよ。ええ、お国のやることだから、逆らってもしょうがない。何したってしょうがねぇや。もう決めちゃったことだから……」

って諦めが出来ちまうんですなぁ。それは寂しい限りでございますがね。

佐賀鍋島というと猫騒動で有名なところでございますがね、この藩主に隔世に名君が出てるんですな。初代、そして三代目、五代目、七代目、九代目と、……あいだはね、あんまりいいのじゃないんですが、奇数にいいのが出てる。そういう話がございまして、その三代目の佐賀鍋島の殿様が日記を残しておりましてね。それに書いてあるものが面白うございました。

とかく大名暮らしは、退屈なもの。ハエ一匹殺しても、やんやの喝采というんですな。だから、まぁ、大名なんていうものは、もう生まれ育ちから、そっから始まってますからね。もう、家来はというと我々で言う「ヨイショ」ですよ。持ち上げるだけでございます。ご機嫌とらないと、すぐにあれでしょ、「切腹を命ずる」ってんで、腹切るんですよ。切腹なんかしたくないですな。一服したいぐらいっすよ（笑）。つまらない洒落ですけどもね。だって、痛いですよ、腹切ればっ。だけど昔のいわゆる官僚は、何かあったときには、自分の腹を切る……、自腹を切るという言葉がありますけどもね。腹を切ったんです。今、違いましょう？　役人は。とにかく責任を取らないように、腹を切らないように、自分の定年まではゆっくりしたいなという、そういう世の中になってしまいましたがね。だから、とにもかくにも下々の者は、上が分かりませんけれども、侍でもそうです。

お上に逆らっちゃいけない。お殿様に逆らっちゃいけないというんでね、

「誰《た》そ、ある……。ハエ叩きを持て」

ハエが飛んでる訳です。お城の中でもね、そうしますとね、家来がね、それこそ三方の上にハエ叩きを載せましてね。ただ、持ってくるだけじゃございませんよ。わたしの出囃子（『元禄花見踊』）［＊2］みたいに曲がかかるんです。チャーンチャチャン、チャラチャラチャラチャン（笑）。みたいなことを言ってね。で、

「……お上、ハエ叩きにございます」

「左様か……」

と、言って、これを持つ。と、ハエが止まる訳ですよ。で、我々が追っかけるハエは速いでしょう？　ウチんところは下町ですけどもね、ハエはいっぱい居ますよ。

で、目が合った途端に危険を察知して、居なくなりますね。止まってね、「叩

［＊2］『元禄花見踊』……五代目圓楽と同様に六代目円楽も使っていた出囃子。明治初期、杵屋正治郎の作。

こうかな?」と思うと、すっと逃げますよ。ところがね、お城に居るハエは違うんです(笑)。昔は、もう大きさが違う、良いものを食べてますからね(笑)。カブトムシぐらいあるんですよ(爆笑)。

で、あんまりブーンなんて飛ばないんです。じっとしてんですよ。で、殿様と目が合うと、会釈《てなこと》をする(爆笑)、ニコニコしている。で、殿様がこのハエ叩きでもって(ゆっくり扇子を振り下ろす)、

「……当たった……」(笑)

ってなことを言うんですね。そうすると、家来どもが、

「家来一同、殿の腕前、恐れ入りました次第にございます。かの剣豪宮本武蔵もかくやかと……」

なんて、ヘンな煽《おだ》て方をする。

「カタカナのトの字に一の引き様で上になったり下になったり」

なんていうのが残ってます。あの〝ト〟の字って奴。あれは、下に一本引きますと、〝上〟って字になりますな。で、上に一本引くと、〝下〟って字になりますな。だから下の者は、上へ通じない訳ですよ。で、上の者は、下が見えない。だから、中《なか》という字は、口を書いて一本通します。これが中庸というので、上下に通じる。だから、「中ぐらいが一番いい」なんてこと言いますがね。

だから昔の大名なんてのんびり育っていますからね。食べるもんだって、違いますよ。ええ、

「誰そある……、誰そある？！」

「（平伏しながら）殿、何か御用でございますか？」

「最前食した、……この菜であるが、昨日のものと違って、口に合わん」

「はは、……恐れながら申し上げます。殿が昨日召し上がりましたのは、三河島菜と申しまして、百姓どもが下肥《しもごえ》を用いて育てますので、大変に味がよろしいかと存じますが、……本日のは、屋敷の畑において、魚の骨などを肥といたしまして、育てましたので、ちと味が落ちるかと存じます」

「左様か……、然らば下肥というものをかけると、美味くなるのか？」

「御意」

「苦しゅうない、これに少しかけてまいれ」（爆笑・拍手）

そんなもん、かけられちゃ堪りませんがね。それからまた、非常に臆病だったそうですな。

というのはね、間諜、スパイね、お庭番、そんなものがいろいろと情報集めてますからね。

「三太夫、三太夫！」

「殿、何か御用でございますか?」

「屋敷においては、話がし辛い。壁に耳あり障子に目あり。そのほうに話があるので、品川沖に船を出せ」

「畏《かしこ》まりました」

三太夫さんね、船頭になりまして、一所懸命に船を漕いで、

「殿、ここなれば他に船も見えませんし、大声を発しても、誰にも聞かれる恐れはございません。どのようなお話でございましょう」

「……三太夫、耳をこちらに向け……」

「はっ、何か?」

「……実はなぁ、屋敷の庭に豆を蒔こうと思う」(笑)

「殿、そのようなことを屋敷において申しても、……構わぬことでございますが」

「いやいや、そうでない。鳩に聞かれるとまずい」

ってなことを言いました(爆笑)。

食べるもんもそうですよ、ね。朝晩それこそ我々はね、鰺とか鮭を食いますけども ね、お殿様ぐらいになりますと鯛ですよ。赤くてそっくり返っている。もう、魚は鯛しか見たことがない。だけど、まぁ、鯛だってね、我々も婚礼やなん

かでたまに出ますけどもね。それほど美味いもんじゃないでしょう？　だけどね、生の刺身だったら、少し美味いかなと思いますけど、焼いた鯛なんざぁね。そんなに食べるとかございませんよ。それほど好きじゃございませんけどもね。だけど好きな方になりますとね、鯛だってよおく身を解《ほぐ》しましてね、で、食べ終わってね、で、もういっぺん裏返して食べて、「眼肉に滋養があるから」っていうんでね、目の玉食べましてね、鯛の体《たい》はどこにあるんだって探してね、最後、骨になった奴をね、

「お湯ある？　ねぇ、お湯、お湯。お湯あるかい？　ここにかけておくれ。鯛のスープは乙だね」

ってなことを言って、飲む訳ですよ。そうするともう、猫跨《ねこまた》って奴です。猫が跨ぐようなね、そんな食べ方する方がいますよ。

ところがお殿様はね、鯛を一口食べるんだって大変です。いわゆる、お毒見係ってのがおりましょう？　同じものを焼いて、食べて、大丈夫かどうか？　試す訳ですよ。皆でもって試して、「もう、大丈夫だ」っていうと、改めてね、お出しするんです。だから、もう、冷めてね、堅くなってる鯛を毎日食べてんですよ。飽きますよ、ねぇ？

一箸食べて、……「不味い」とは言えない。たまに、美味いものはあります

よ。まだまだ、それほど冷えてないようなときがね、なんかの調子でもって、良いのが出ますとね。「美味いな」と思うと、やっぱり上《うえ》つ方《かた》、欲しくなるんですね。

「美味である。代わりをもて」

いつも残しますから、代わりなんか仕度していない。一箸付けただけで、「代わり」と言われてもね、困りますよ。中にはね、知恵が働く人がいました。

「殿、庭の築山の紅葉が、紅葉いたしまして、見事でございます。ご覧遊ばせ」

「左様か……」

で、築山の紅葉を見ているその隙に、頭と尻尾を持ってね、くるっとひっくり返して（笑）、

「代わりをお持ちいたしました」

「おぉ、左様か」

これまた一口付けて、

「美味である。代わりを持て」

もう、ありませんよ。もう一回ひっくり返しゃぁねぇ、元の残骸が出ちゃうんですから（笑）。「弱ったなぁ」と思ってますと、殿様のほうが、

「もう一度、庭の紅葉を見ようか」（爆笑・拍手）

って、乙な噺があったもんでね。

「欣也！　欣也はおらぬか？」

「殿、何か御用でございますか？」

「退屈をいたしておる。町場へ出て見ようと思う」

「それでしたら、いかがでございましょう。お天道様も上がりまして、大変に、気候もよろしゅうございます。野駆けなぞをいたしては？　これは武術鍛錬になるかと……、馬術の訓練のために、野駆けは？」

「左様か、屋敷におってもいかん、馬、曳けぇ！」

『目黒のさんま』へ続く

飲み過ぎて失敗するのも酒

２０１７年９月11日　横浜にぎわい座　三遊亭円楽独演会
武士の出てくる噺色々　権力と笑いの戦　『禁酒番屋』［＊1］のまくらより

え〜、もう一席のご辛抱でございますから、どうぞ気を確かに持って、お付き合いを願いたいと思いますが（笑）、とにもかくにもね、お侍さんっていうのは、大変ですよ、自分の格式というものをね、重んじなくちゃいけない。そこいくと、我々は楽ですね。ウチの師匠もよく言っていました。「（五代目圓楽の口調で）なんだっていいんだよ」ってね（笑）。終いに言われたことは、「（五代目圓楽の口調で）いいかい。今、映画でも何でもそうだよ。楽しむものが世間に幾らでもあるだろう。若い者は、ゲームをやるしな。だから早い話が、落語なんか無くたってイイんだよ（笑）。無くたっていい商売なんだから、悟られないように演るんだぞ」（爆笑・拍手）

と、言われました。「なるほどな」と思いましたよ。だけど、まぁ、好きなものってのはイイもんですな。

［＊1］『禁酒番屋』……侍同士が酒の上の諍いで共に死んでしまう。酒がいかんと考えたその藩の殿様は家来に禁酒を命じた。さらにはその取り締まりのため城の出入り口に番屋をおくことになる。大の酒好き近藤は何とかして自分の部屋へ酒を届けよと出入りの酒屋に頼みこむ。酒屋は番屋を通過する方法を画策する、という噺。あれこれ考える酒屋の工夫が楽しい。

何が好きですかって、やっぱり酒ですよ。ウチの師匠や歌丸師匠ってのは飲まなかったんですがね。私共は、その分飲みます。ええ、だから、「酒を飲んで（高座に）上がったほうが、それこそハイになってね、テンションも上がってイイんじゃないですか？」

って、お客様が言いますがね、これは嘘ですよ。

当人は善かれと思ってやってるんですがね。どっかで破綻を来すんです（笑）。そこいくと終わってからの酒は美味いですよ。今日もここ終わってね、実は両国寄席をもう一回やりましてね、それで今日は四席演って終わりなんでございますけれども、それが終わったときは嬉しいですよ。帰りにね、それこそ居酒屋でも、ちょっと寄りましてね。

「良いお客さんだったな……。にぎわい座は、本当に良いお客さんだった（爆笑・拍手）。ありがたいなぁ」

と、思って飲む酒は、美味いですよ（笑）。……良い客でなくても、飲めます（爆笑・拍手）。「何だい、今日の客は？　バカじゃねぇか？」っていろんな飲み方がありますがね（笑）。

飲み過ぎて失敗するのも酒でございます。これは江戸時代のお話でございますが、とあるお侍様が御同役と酒を飲んで、そのうち酔いが回って来ますな……、ちょっとしたことでもって喧嘩口論になった。勢い余って、腕に覚えのあるせいか、腰のものをギラリ引き抜くと、一刀両断をいたしまして、血刀をぶら下げて御小屋に帰ってまいります。枕元に刀放り出して、ゴロッと横になって高鼾《たかいびき》。さぁ、目を覚まして驚いた。

あのう、酒を飲みますとね、……記憶が斑《まだら》というんですか、……ところどころ飛びますね。血刀が転がっている。

「……うん？　如何いたした……。血糊が付いておるな。昨夜は酔って帰って来たが、犬にでも吠えられて、成敗をしたか？　いや、武士の魂で畜生を斬る訳がない。昨夜は同役と酒を飲み、……口論になった。殺《あや》めてしまったか？　……これは、お殿様に申し訳がない」

というんで、ご自分もお腹を召して自害をなさいます。酒の上で大事な家来を2人亡くしましてね。お殿様、驚きました。

「皆の者、酒が良くないぞ。酒を止《や》め、いや、皆だけではない。余も止める。よいか、藩邸は禁酒であるぞ」

って、御禁酒になりましてね。

「貴公、どうした？　顔色があんまり優れんな」

「……いや、酒を断って5日、あまり口寂しいんでな、汁粉を飲んだ。胸が焼け

ておる」（笑）

「左様か、拙者も覚えがある。あれはいかんな。どうじゃ、今宵は非番である。町場へ出て、一献傾けんか？」

「構わぬのか？」

「役目の手前である」

「うん、仕事の為であれば仕方がない」

って変な理屈がつきまして、そのうち飲んで帰ってくる者はいる。高歌放吟《こうかほうぎん》、歌いながら御門を通る者がいる。酒を持ち込む者がいる。これが上つ方に聞こえると、大変なことになるというので、御門の脇に番小屋を作りましてね。酒気を帯びていないか、あるいは荷物の中に酒を仕込んでいないかどうか、そこを調べるというんで、誰言うとなく、禁酒番屋というあだ名がつきましてね。

『禁酒番屋』へ続く

食欲の秋に演るまくら

２０１７年10月10日　横浜にぎわい座　三遊亭円楽独演会
食欲の秋　落語で満腹に『饅頭怖い』［＊1］のまくらより

ありがとうございます。３連休が終わりましてね、その明けて平日の昼間でございます。よほど3連休に力を残しておいた皆さんがお集まりか、あるいは自棄《やけ》になっているか（笑）、ウチに居られない事情があるとか（爆笑）、いろんな方がお集まりだと思いますが、こういうお客さんが本当のお客様ですよ、ね。平日の昼間ですから……。

平日の夜っていうのは、暇なんでしょう。あるいは、土日ってのは暇なんですな。世間はね。だから平日の昼間、暇な方が日本を支えてるようなもんでございます（笑）。ですから、こういうお客様を大事にして、我々はやっていかなくちゃいけませんでね。

一つ報告を忘れていました。歌丸の安否は、確認してまいりました（笑）。もうすぐ、近所《そこ》ですからね。今、楽屋に着いてすぐに電話して、

［＊1］『饅頭怖い』……町内の仲間がお互いに怖いものを話している。みんなそれぞれ苦手がある中、熊公だけは強がってそんなものはないと言い張る。しかし問い詰めると〝饅頭〟が怖いと白状した。これは面白いと他の連中はそれぞれ饅頭を買ってきて熊をこらしめようとしたが実は……という噺。

「今日は、にぎわい座でお世話になります」

ったら、

「そこまで来てて、俺ん家《ち》に挨拶に来ねぇのか?」(笑)

って、何か地回りみたいなこと言われましたけどね。

「どうですか?」

ったら、

「今日は、のんびりしてるから、楽さん、しっかりにぎわい座をよろしくお願いしますよ」

って話をしました。

だけど、こないだもお会いしたんですよ。今年はもう入退院を5回しているでしょう。だから、このあいだ退院したあと、新宿のね、文化センターでご一緒させていただいてね、血色が良いんです。

「お師匠さん、顔色良いですね」

って言ったら、

「あのなぁ、病院てのは楽さん、3食食わされるんだよ。あんた知ってての通り、俺、2食なんだ。それがね、もう8時から起こされて、飯食わされるから、しょうがなしに、まぁ、不味いけど食べてるだろう。やっぱり食べるとなんだね、少し太るね」

「太ったんですか？」

「うん、百グラム」

　って、そう言ってました（爆笑・拍手）。百グラムってのは、太ったうちに入りませんけどもね。だからお歳を召すとね、本当に弱気になる方がいるでしょう？　「食欲がないよう」、なんて言うんですよ。ウチの近所にもいるんです。86の爺さんでね、

「楽さん、もう、食欲がねぇんだ」

　って、言うんですよ。「歳だ」って言うんですよ。これが、

「だらしがない」

　って、言ったんです。「食が細くなった」とかね。「内輪内輪に食べてる」とか、「昔ほど食べなくても、あんまり動かねぇから済むようになったんだ」、「好みが変わったのかね」、こんなこと言ってやればよろしいでしょう。

　それがね、今日のテーマでございます。食欲の秋。食欲がないというなら、これはね何かねぇ、だらしがないですよ。皆さんも言い方次第ですよ。そのお爺ちゃんに、「小指《こっち》、どうですか？」って訊くと、「ピクとも来ねぇ」って、当たり前です。86であんまり元気じゃいけませんからね。

「でも、イイ女を見たら、どうだった？」って、言ったら、「ムラムラする」って言ってましたよ（笑）。ホルモン分泌は、よろしいんですねぇ。そういうふうにね、頭の中で考えて、で、いろいろと動いてやりたいようなことをやって、ストレス解消してるのが一番よろしゅうございますよ。

だってそうでしょう？　嫌いなことを無理にすることはないですよ。ね、あの勉強が好きだって奴が居ました。嘘だと思いますよ、ええ。勉強が好きじゃないんですよ。たまたまいい成績で褒められたとかね。あるいはね、良い先生に行き合って、その先生が好きで、その科目が伸びたとか、その程度のもんでしょ。

本当に勉強が好きだったら、そのままずっと勉強してね、学者になってる筈ですよ。その道のね。それにならないでもって、いろんなことやってる訳ですから、勉強が好きなんじゃないんです。だから好き嫌いって、何かきっかけがございますな。例えば、今日のテーマでございます食べ物もそうでしょう。

自分に経験のないものは、分からないですよ。わたしね、もう随分昔ですがね、ピエール・カルダンがパリのマキシム［＊2］を買い取ったときにね、……サトウサンペイ［＊3］さんって、漫画家さんが居たでしょう。あの方と岸恵子［＊4］さんと、『パリ・美食の饗宴』というテレビ番組で、生まれて初めてパリへ

［＊2］マキシム……パリにある伝統的な超高級レストラン。1981年ピエール・カルダンが購入し、世界の他の都市にもマキシムを開店した。以降パリの店は「マキシム・ド・パリ」と称することになった。

行ったんですよ。ヨーロッパは、それっきり行ったことがないです。

　行きましてね、ピエール・カルダンの店行って、フランス料理を食べました。それが放送されたら、皆友達が、

「美味かったか？」

　って、言うんです。

「分かんない」

　って、言った。

「なんで？」

　だって、フランス料理初めて食った（笑）。つまり比べて何か、ここよりここのほうが、美味い。で、刺身は、ここのほうが好きだ。あるいは、ここのお蕎麦は、汁《つゆ》が美味いけども、こっちはダメだとかね。いろいろと比べようがありますよ。

　だけどフランス料理は初めて食ったって、訳分かりませんよ。白身魚のムニエルだとかね、なんかいろんなもん出ましたよ。ただね、周りに、こうソース散らしてね、それ付けて食べるっていうね。確かに、慣れてたのはフランスパンぐらいのもんです（笑）。

　フランスパンというのは、大体同じですね（笑）。硬ぇからあんまり周り食わ

［＊3］サトウサンペイ……漫画家。4コマ漫画『フジ三太郎』が朝日新聞に長く連載され有名になった。

［＊4］岸惠子……女優。映画『君の名は』のヒロインとして有名になった。後にフランスの映画監督イブ・シャンピと結婚、日仏を往復する生活を送るが、その後離婚。

ないようにしていますよ、ね。わたし、歯応えのあるものがあんまり好きじゃない。ええ、だからなるべく噛まないモノを食べてますよ。昇太は、よく噛みますよ（笑）。三平［＊5］も噛みますなぁ（爆笑・拍手）。わたしは、あんまり噛まないんですね。

だから、まぁ、好き嫌いってのはあって当たり前ですけどもね。

『饅頭怖い』へ続く

［＊5］三平……二代目林家三平。昭和の爆笑王と言われた初代林家三平の次男。兄は九代目林家正蔵。平成28年「笑点」大喜利の新メンバーとなり、令和3年まで活躍。

人に優しくするのは、言葉一つ

2017年10月10日　横浜にぎわい座　三遊亭円楽独演会
食欲の秋　落語で満腹に『ちりとてりん』[*1]のまくらより

休憩前のもう一席でございますので、どうぞ気を確かに持ってお付き合いを願いたいと思います（笑）。やっぱりこういったものは、テンションですよ。お客様のほうでね、笑おうという姿勢、参加しようという姿勢、そういうものがない限りは、テンション上がりませんから（笑）。「テンション、上げてみろ」みたいなね、聴き方は、こういう演芸場では一切無駄な作業でございます（笑）。自分から前向きに笑っていかなくちゃいけませんよ、ねぇ。

だけど、いろんなとこで、いろんなものを食べさせてくれて、いろんなものを飲みますがね。あれ、人に指示されるの嫌ですな……。先ほども言いかけましたがね、好みっていうのがありますでしょう？　ソムリエとかいってね、「この料理には、このワインでもって、こういう口のものが美味しいです」なんて、放っといてもらいたいでしょう（笑）。

［＊1］『ちりとてちん』……夏場のお屋敷、旦那はある集まりのために料理を誂えたがその集まりが中止になり困った。料理を腐らせるのはもったいないと近所の金さんを呼びご馳走すると大喜び。そして竹さんにもご馳走するが知ったかぶりのこいつは何にでもケチをつける。そこで旦那はたまたま見つけた腐った豆腐を「ちりとてちん」という珍しいものが手に入った、とこれを竹さんに食わせてしまおう、という噺。

別に、白身魚で赤ワインを飲んだっていいじゃないですかね？　肉料理で白ワインを飲んだっていいでしょう？　だから、好き嫌いですよ、とにかく、ね。わたし、一番好きなのがね、さっき言いました「噛まないもん」です。とろろとかね、豆腐とか、そういう柔らか系ですよ、うん。だから、今までで「一番硬いな」と思ったのは、さっき言ったフランスパンの周りね（笑）、ええ。あれが一番硬いです。柔食系《なんしょくけい》というんですか、あれ一番楽ですからね。ただ、いけないそうですな、若い頃にはちゃんと奥歯できちんと噛んでね、で、前歯で千切ってね、歯を丈夫にするためにも、「よく咀嚼しろ」なんてこと言われますよ。

だけどね、寿司だってそうでしょう、ね？　あんなものを噛んでたら、美味かないですよ。ちょいと醤油つけて、ポーンと口の中入れて、スッと飲み込むぐらいでなくちゃいけません。寿司がね、噛んで食べるようになったら、ちょっと咽頭炎とかね、食道がんを疑ったほうがいいって言いますよ（笑）。だから、食べることは、一つの健康の目安にもなりますからね。

よく居ますよね、「おまえ、そんな食べ方ダメだよ」とかね。「これつけて、こう食べなよ」、放っといてもらいたいでしょう？　ねぇ、好きなように食べて、ようやくこのあいだフランスから帰ってきた奴に訊いたらば、フランスでも和食がブームになったように、世界何とか遺産というんですか、ねぇ？　文化遺産になって、日本の和食が、随分とまたブームになっている。蕎麦もようやくね、「音を立てて食べるようになってきた」って言ってましたよ。あれ、オリンピックのときに、みんなで音を立てて食べましょうね（爆笑）、ええ。来た外国人に迎合することはないですよ。

日本人はね、外国の方になるとすぐ優しいんですよ。なんで、日本人同士優しくしないんですか？　そうでしょう？　同じ民族で、お互いに優しくしなきゃいけないのにね、隣近所と揉めててね、夫婦でもって仲が悪くてね、子供と折り合いがつかなくて、なんで来た外国人と仲良くしなきゃいけないんですか（笑）。そうでしょう？　韓国だってそうですよ、北朝鮮にもっと、物言いすれば良いんです。ええ、そうでしょう？「自分の国を、半分占領されているんだ」って、言い切らなきゃダメですよ。……わたし、そんなこと言うために今日喋ってんじゃないんですよ（爆笑）。

別にね、公人になったからって、どうってことはないんです。何するか、分からない政治ですな。何がしたいんですかね。そんなことを忘れていただいて、ようやく少し参加する気になってきたでしょう（笑）。わたしのほうも、少しずつエンジンがかかってまいりましたよ。

だからね、人に優しくするのは簡単なんです。言葉一つですよ。愛想です。人と人が繋がるのが、笑顔と言葉。これしか人間はないんですからね、他の動物にないのが、笑顔と言葉なんですよ。だから人間だけが持って、これを利用して一つ繋がってきゃいいんです。

お食事なさいますよね。伝票を持ってレジ行くでしょと、幾ら幾らってお金出してね、釣りもらって、そのまんまね、爪楊枝くわえて出てたりね、あるいはね、何も言わずに出るでしょ。少し優しい人になると、「ご馳走様」ってなこと言うんですね。その上に「美味しかった」。本当に美味かったら、言って良いんですよ。

「どうも、ありがとう。とっても、美味しかった」
「どうも、ありがとうございます、またお越しくださいませ」

こういう言葉を重ねてくるでしょう、ね？「不味かった」なんて言わなくたっていいんですよ（笑）。「もう二度と来ねぇ、こんな店ぇ！」って、言いたいときありますよ。ええ、言いたいときありますけど、それをね、嚙み締めてね。で、「どうも、御馳走様」、これぐらいの笑顔ね。で、さらに、「ちょっと美味かった。また来よう」と思ったら、「美味しかった。また来ますね」、こういうことを重ねていれば、周りの空気感が良くなるんですよ。だから世辞愛嬌の一つでもってね、世の中上手く転んだり、世の中上手くいかなくなったり、そんなことはのべつですよ。

「弱ったねぇ、お清《きよ》、……皆さん具合が悪いっていうのは、これは洒落になりませんよ。御膳はね、もう誂《あつら》えて届いてんだけどね。誰も来られないってのはなぁ……。私とお前だけだから、こんなに大勢の御膳は、食べきれないなぁ、かと言ってなぁ、とっとく訳にいかない。この陽気なんだから……、あ、そうだ。お向かいの金さん呼んできな。あの方、愛想が良いしねぇ、喜んでモノを食べていただけるから、少し腹の足しになるだろうしね……」

『ちりとてちん』へ続く

粋な蕎麦の食べ方は……

2017年10月10日　横浜にぎわい座　三遊亭円楽独演会
食欲の秋　落語で満腹に　『そば清』［＊1］のまくらより

終いがお蕎麦のお噺でございましてね。蕎麦も、噛まないから好きですなぁ（笑）。喉越しといいますかねぇ、少し噛むんですがね、ツルーッといって……。蕎麦屋の看板見たり、暖簾見ると、ちょっと小腹が減ってれば、「食べてみたいな」と思うんですよ。

街歩いててもそうですな。今日も実は、そこの駅を降りましてね。立ち食い蕎麦がありますでしょう、改札の右側にね、思わず入りましたよ（……笑）。評価はしません（笑）。何か言うとね、営業妨害になるかも知れませんからね。だから機械打ちでも、粉の具合とか、あるいは水加減だとか、腕加減だとか、いろんなものがございますからね、一朝一夕にはいきません。

今、定年になってご趣味で蕎麦打ちをやる方が随分増えてるそうですよ。だけど、まぁ、ねぇ、手捏《てご》ねから何から、それこそ蕎麦の実の選び方から、凝れば凝

［＊1］『そば清』……毎日大量のそばを涼しい顔で平らげる清さん、町内の連中から50枚のそばが食えるかと賭けの挑戦を受ける。少し考える時間をと、旅に出た清さんは山の中でうわばみが食べた人間を消化するための草を手に入れた。これがあれば大丈夫と、50枚のそばを食い始めた。

ったけ数がございますからね。

……歌丸師匠とね、仙台でもってね、蕎麦屋へ入ったんですよ。わたしは、ちょっと辛めが好きですからね。「カレー南蛮かなんか食おうかな」と思ったら、歌丸師匠がね、頼んだものが何とね、……あんかけ蕎麦。あのぅ、天津やなんかと同じように、あんかけってのは、あのとろみがついててね、片栗粉入れてアツアツなんですよ。いつまでも冷めないいんです。熱いものが好きなんですよ。手前《てめぇ》が、冷たそうですもんね（笑）。骨に皮がついて、毛が少し生えてるだけ（爆笑）、……ウチに帰ったって、冷たい家庭ですよ（笑）。横浜の冷蔵庫って言われてんですからねぇ（爆笑）、ええ。わたしはね、普通に、

「じゃぁ、きつね蕎麦お願いします」

って、きつね蕎麦、揚げも好きなんですよ。だから、お稲荷さん好きです。もう、下手な寿司を食うんだったら、助六が一番ですな。のり巻きとね、お稲荷さんねぇ。あれなんで助六かって知らない方もいらっしゃるでしょう。揚巻《あげまき》と、そういうことですよ。これで分かんなきゃいけないんですなぁ（笑）。太巻きと揚巻、助六だから揚巻と、……これで分かんなかったら、ググってみてください。

とにもかくにもね、七味唐辛子、入れるほうですから……。

「ちょっと前座さん、悪い、七味とって」

「ありません」

「……君の目の前にあるその小さな缶、それが七味だからとって……」

「これ七味じゃありません」

「何言ってんだ？　おい、昔からそれが七味だよ」

「いや、私もそう思ったんですけど、師匠、これ七味じゃありません」

「何なんだ？」

「十二味唐辛子です」（爆笑）

「……十二味唐辛子？　何で？」

「いや、七味の七のところをマジックで消して、十二って書いてあるんですよ。十二味唐辛子です」

「珍しい……、貸してみろ、貸してみろ。……本当だ、書き直してある。（唐辛子の缶を振る所作）多めにかければ分かる。ズゥー、……普通の七味だな……、何か口の中に残るな……。分かんないことは訊いた方が良いな。親父さん、ちょっと訊きたいんだけどね、東京に帰るとねぇ、浅草に『山徳』ってね、有名な七味唐辛子屋がある。信州に行くと、善光寺の七味唐辛子。日本全国大抵七味唐辛子だけど、何でここの店《うち》は、十二味唐辛子なの？」

「……このあいだねぇ、掃除をしてたんですよ」

「ほう」

「で、テーブルを拭いてましたらねぇ、その缶を倒しちゃったんです。で、蓋が甘かったんですねぇ、中身が、みんなこぼれましたねぇ、でぇ、お客さんも居ねぇから、それ拾って詰め直したんですよ、ええ（笑）。……そうしたら、七味にゴミ（五味）が入りました」（爆笑・拍手）

こんな噺を作るのに、毎日苦労してるんですよ（笑）。前座時分も思い出がありましたなぁ。上野鈴本演芸場でもって、前座やってましたらね、その当時、圓生師匠から、（五代目）小さん師匠［＊2］に会長が移りましてね。で、小さん師匠がね、真っ赤な顔してね、楽屋入りしたんですよ。

「（五代目小さんの口調で）冗談じゃねぇやな」

覚えてらっしゃいますか、小さん師匠？　おにぎりみてぇな顔してね（笑）。

「あさげ」なんて言ってたお爺さんですよ、ええ。あと、お墓の宣伝ね。

「冗談じゃねぇや！」

「どうしたんですか？　会長」

「ええ、今、おめぇ、籔（蕎麦）に行ったんだよ。籔に入って行ったらなぁ、客がな、『あ、小さんが来た』ってんで、みんなで見てんだよ。『小さんがどんな蕎麦の食い方をするんだろうな』って、まだ見てんだよ。しょうがねぇからよ、お

［＊2］五代目小さん師匠……五代目柳家小さん。昭和の落語界を背負っていた名人の一人。滑稽噺を得意とし、平成7年人間国宝に認定された。昭和47年から落語協会会長を長らく務め、立川談志、柳家小三治、柳亭市馬などを始めとして多くの弟子を育てた。平成14年逝去。

めぇ、ほとんど汁を付けねぇで、サッと食ったんだよ（笑）。……蕎麦は汁を付けねぇと美味かねぇなぁ」（爆笑・拍手）

って、そう言ってましたよ、ええ。だから本当に、ベタに付けちゃあ粋じゃありませんけれどね、やっぱり3分の1ぐらい付けてツッと食べるのが一番美味いですなぁ。で、それこそ本当に好きな方になりますとね、一口目は汁付けないで食べてみるそうですよ。蕎麦の香り、……それから、ちょいと汁付けて食べましてね。それから、ちょっとわさび入れたり、薬味入れたりして食べて、最後の一口残しておきましてね。で、蕎麦湯をもらって、蕎麦湯を足して残りのネギ入れてね、七味唐辛子を入れて、「盛り蕎麦を、かけにして食うんだ」って、そんな方も居ます。

だから、いろいろと好みっていうのは、あるいは食べ方っていうのは、あるもんでございますなあ。ただ、噺の中にはね、蕎麦がよく出てまいりますからね。お客様、あのぅ、蕎麦の食べ方ね、噺家が演ると、昔は「中手《なかで》」や何かが鳴りましたよね。こうやってね、（蕎麦を食べる所作）ズゥーッ、ズゥーッ（笑）、ねえ、……今日は、鳴りませんけどね、ええ、イイんです。中手が分からなかったんですな、きっと。……拍手です。途中で手が入るから、中手というんです。今日は、いろんなことを勉強する会ですなぁ（笑）。

だから蕎麦だけじゃございませんよ。うどん屋なんて落語もありますから、うどんの食い方も演んなきゃいけない。

蕎麦は大抵盛りですがね、うどんはね、食べ物になりますからねぇ。

「え〜、風邪ひいたときは、うどんが一番だ。（うどんを食べる所作）ズズズゥー、あー。ズズズゥー」

お蕎麦がね。ズゥーッ！　ね、うどんが、ズズズゥー、音が少し違うんですッ。うどんは、ズズズゥー、ズズズゥー。この微妙な違い（笑）。いやもうも（爆笑・拍手）。蕎麦はやっぱ細い、スーッという音ですよ。ズゥーッ、ズゥーう、拍手はいいです（笑）。もうイイです。もうイイです。今日はサービスですから（笑）。

ついでに木久蔵ラーメン［＊3］の食べ方も教えます（爆笑・拍手）。

「（恐る恐る器に手を伸ばす所作）……『ちりとてちん』みたい……（笑）、ズズッー、ウッ、オ、オエッ、ガッ（爆笑）。……水ください」

これがね、これが木久蔵ラーメンの食べ方でございますよ、ねぇ。

『そば清』へ続く

［＊3］木久蔵ラーメン……現・林家木久扇が前名の木久蔵時代、昭和57年に商品開発をしたラーメン。当初は店舗展開もしたが現在は通販や手売りのみである。

頭ん中に絵を描いてくださいね

2017年11月13日　三遊亭円楽独演会
金の扱い三者三様……『猫の皿』［*1］のまくらより

今日は、少し早めに出ましてね。実は、すぐ側《そば》にお住まいの……、こっから約2キロぐらいのところのお爺さんの家へ行ってきました（笑）。……墓参りじゃないですよ（爆笑）。ご挨拶に行ってきました。そうしたらね、

「今、ちょっと出かけてんのよ」

って、冨士子夫人［*2］とちょっと話ししましたらね。

「もう、洒落にならないわよ、楽ちゃん。このあいだ、私がお風呂入ってたらさぁ、『おい、苦しい』って言うのよ。ねぇ、お風呂の最中に言われたくないわよ」

って、言うんですね（笑）。……おかしいでしょう？　亭主が「苦しい」って言ってんですよ（笑）。「お風呂の最中に言われたくない」って、言われたら助けなきゃダメですよ。そしたら、

「どうしたんですか？」


［＊1］『猫の皿』……田舎で骨董を安く仕入れ、江戸で高く売る商いの果師（はたし）。一人の果師がとある茶屋で高麗の梅鉢という高価な皿で猫に餌を食わせているのを見つけ、これを何とか手に入れようと3両出してこの猫ごと買おうとしたのだが茶屋の親父はしたたかだったという噺。

［＊2］冨士子夫人……桂歌丸の夫人。

「ちょっと、拭くから待っててよ」

って、言ってね。冨士子さんがね、汗拭いて、水拭いてね、で、洋服着るまで、床で歌丸師匠は七転八倒の苦しみだったそうです（笑）。……どういうウチなんでしょうなぁ？

まぁ、だからねぇ、価値ってのは分かりませんよ。今日、わたしの会へ来てくださるでしょう？　また、他の落語会へ行こうなんてお客さんも居るでしょう。ええ、……だから物の価値ってのは難しいですな。

最初は、あれでしょう？　経済ってのは、物々交換でしょう。そこから、いろんなものが生まれてきて、貨幣というものがあって、金本位制に移り変わって、そして今は、信用あるいはね、バーチャルの通貨だなんというビットコインなんて出てきて、わたし段々分かんなくなってきました。

今日の会だってそうですよ。ええ、……（チケットに）入場料って書いてあるだけでもって、「面白い」って書いてないんですよ（笑）。「上手く演る」とも書いてないんです。三席演って、まねき猫ちゃん［＊3］が出ますというところへ、そんだけのお金を払っていただいてるんですよね。

だから終わってから、「金返せ」って言っても、ダメですよ（笑）。ええ、ちゃんと三席演りますしね、出た者は出るんですから……。ね、だから、今言ったよ

［＊3］まねき猫ちゃん……江戸家まねき猫。動物物まねの寄席芸人。落語芸術協会所属。父は三代目江戸家猫八、異母兄は四代目江戸家猫八、当代の猫八は五代目。

うに、そういうふうに解説は書いてありませんからね。

ただね、「面白いな」と思うのは、人によってモノの価値ってのは違いますからね。「こんなもんに、何でこんなに金かけるんだろうな？」と思う人居るでしょう。例えばね、盆栽ね。もう手塩にかけて、自分の代だけじゃなくて、何代も何代もね、ギュッと詰めたようなもの。……そういったものをね、宝とするような方もいらっしゃいますよ。故郷の山の松のほうがよっぽど立派でしょう？　あいうのが庭にドーンと生えてたほうがいいなと思いますけども、そのミニチュアというんですか、盆栽みたいなものがそうですよ。

で、我々よく分からないのは、書画骨董の類《たぐ》いですな。鑑定眼がありませんから、やっぱり専門の方は、凄いですね。これは何時《いつ》代のものであって、こういった価値があって、こういう人が作ったから、今、流通の度合がこうでもって、って価値がつく訳でしょう？　だから、わたしゃぁね、『開運！　なんでも鑑定団』って番組好きなんですよ。明日ですよ（笑）、9時からねぇ。ええ、「何が好きか？」と申しますとね、借金の形《カタ》に預かったってね（笑）、……大抵ニセモノですね（笑）。あの、ニセモノの出たときの嬉しさ（爆笑）。こないだ本物が出てね、何千万というのは、それは嬉しくも何ともない。他人《ひと》のモノですからね（笑）。それでもって。「3千万か？」ってなもんですよ。ところが、3千万貸しておいて、3千円ね（笑）。これ、嬉しいですよ。そんな気持ちで見てますとね、大体、傾向が分かってきました。あの、「驚きの鑑定結果が」って言うと、ドンと上がるんですよ。「注目の……」と言うと、大抵、怪しいですね（爆笑）。「会場、騒然」と言うのも、これも大抵ニセモノですね。中島誠之助なんて、オジさんがね、皿を叩きながら、「いい仕事してますなぁ」なんて言ってますよ（笑）、ええ。あのオジさんね、あの番組が始まるまでは、青山のただの骨董屋の親父ですよ（笑）。それがあの番組が始まって、名前が売れてね。顔が売れて、で、本を出しゃ売れる。鑑定料も高くなる。講演をすりゃぁ、ドーンとお客様が来る。手前《てめえ》のほうがよっぽどいい仕事してる訳でございますよ（爆笑）、ええ。

だから、昔もそうです。いわゆる泰平の御代になりますと、いろんなものを集める。金に任せて、「これは高価なもんだけども、私の宝物にしよう」と、そういう大家《たいけ》の主《あるじ》が居りましてね、のべつ、道具屋を呼び寄せて、

「もう、ないのか？」

「ええ、旦那《だぁ》様、いけません。え〜、収まるところに収まりましたんでなぁ。動きがございませんので……」

「そうか、じゃぁ、何か出物があったらな、他所へ持ってくんじゃない、私のところへ持って来な。金に糸目はつけないから」

こう言われて、道具屋のほうもね、物がなきゃ商売になりませんから、どうしたかと申しますとね、果師《はたし》って者を雇った。この果師というのは、旅の目利きでございます。いろいろと旅をして、旧家、あるいは名主、庄屋、そんなところの蔵がありますとね、中ぁ《なか》開けてもらって、「ちょいと覗かしてくれ」ってんで。覗いて高価《いい》物がありますとね、口先でちょいと騙してね、安く買って江戸へ持ってきて高く売る……、口銭《こうせん》を稼ぐという。そういう商売が、蔓延し始めましてね。

ですから直ぐにそんなものは噂になります。

「おめぇのところは、果師、来たかぁ？」

「いやいやぁ、おらぁ、そういう商いがあるとは知らなかった。あの、怪しい者が村へ入《へぇ》って来たら、どっから来たか、訊くだぞう。で、商売《しょうべぇ》訊いてなぁ、で、怪しかったら蔵を見せちゃなんね、中開《なかぁ》けちゃなんねぞ」

って、触れが回りましてね。

と、ある果師が何の商いもないまんま、明日は江戸に帰ろうというんで、街道にかかってまいります。一軒の茶店がございます。

あの、こう言っただけで、頭ん中に絵を描いてくださいね（笑）。ボォーッと、「ああ、そうなのか」と聴いてちゃダメなんですよ（爆笑）。落語っていうのはね、オーディオ芸なんですよ。

　背景も何もないんです。表情がちょっと変わるぐらいのもんですよ。着物も変わりません。だから、お客様がこのわたしが喋ってることによって、頭の中に映像を浮かべるんです。オーディオをビジュアル化するというのが（笑）、落語の作業なんですよ。

　で、カラーになってない方は、まだそのままで結構です（爆笑・拍手）。未だに白黒で、結構ですからね。

　街道にかかってまいります。一軒の茶店がございます。と、言いましたら、緋《ひ》毛氈《もうせん》を張った縁台が二つ、三つございましてね。茅葺き屋根になって、茶処という旗が翻っている。若い女の子が、赤襷《あかたすき》でもって、お茶やお団子を運んでいる。春先ですと、桜並木になってましてね、花がちらほら散っている。その向こうから、水戸黄門の一行が歩いてくるという（笑）。大抵、シチュエーションは、決まっていますがね。ところが、わたしはね、噺を教わって、そうですね、3、4年経ってからですか、もうすぐ二つ目なんていうときに、ウチの師匠に言われました。……覚えていらっしゃいますか？　先代、もう亡くなって8年経ちますよ。ウチの師匠が、

「（五代目圓楽の口調で）楽太ぁ（笑）、おまえ、ちょっとそこに座れ。落語にな、

嘘がある。芸だから嘘はあるがな、ある程度のリアァリィズゥムが必要だよ」

（爆笑）

と、ウチの師匠が「リアリズム」と言った途端に顔がこんなに伸びましたからね（爆笑）、思わず噴き出しましたよ。だから、師匠の弁を借りるならば、一軒の茶店がございます。と、言っても、そんな立派なもんじゃございません。屋根にはペンペン草が生えてましてね。茶処なんて、旗は仕舞ったことがないから、雨風に曝されて、読めなくなってる。で、緋毛氈なんか張ってございません。戸板を裏返したようなものに何かをかませましてね。そんなものが二つ三つ、ばらけて置いてある。で、店内《なか》覗きますと、お爺さんが１人でもって、火吹き竹でもって、竈の下をふうふう吹いて、湯を沸かしているという塩梅でございます。

「おう、爺さん、世話になるぜ！」

「いらっしゃいませ、ただいま、直ぐに茶を淹れますで……」

『猫の皿』へ続く

江戸っ子は宵越しの金を持てない

金の扱い三者三様……『三方一両損』［＊1］のまくらより

２０１7年11月13日　三遊亭円楽独演会

え〜、前座さんを、もう1人頼んだつもりだったんですがね（笑）。とにもかくにも自分の出番、人の出番には、駒六さん［＊2］が高座返してるあいだ、太鼓を叩かなきゃいけないんですよ（笑）。もう何十年ぶりですかね、……バチなんか持ったのはね。わたしは出世が早かったですからねぇ（爆笑）。不思議なもんで、「昔、覚えたもんだから、何とかなるだろう」と思っても、手が動かないんですなぁ。二番太鼓からずっと手伝ってました。あの歳とってからの運動会の徒競走と一緒ですな（笑）。頭ぁ動いてんですけど、足が動かないでしょう（笑）？　転ぶようなPTAの方をよく見かけますよ。あれと同じです。曲も知ってるし、太鼓の手も知ってんですが、頭が動いてるだけでもって、手が動かないんです。つくづくそう思いました。でも、まねき猫ちゃんの芸を見てましてね。本当に、「生きてて良いんだ」という気持ちになってまいります（笑）。いろ

［＊1］『三方一両損』……道で拾った三両入りの財布、これを届けに行った江戸っ子とその金を受け取らない江戸っ子の意地を描いた演目。大岡越前の裁き方が噺のタイトルになっている。

［＊2］駒六さん……平成31年二つ目に昇進し現在は金原亭馬太郎。前座名が駒六だった。

んな芸があって、いろんな芸人がいて、それこそいろんなとこ見ていただいて、聴いていただいて、お手に取っていただいて、お好みの芸を探して歩く。それがお客様の作業でございますからね。

だから噺家も、随分と過去から今まで、いろんな噺家が世の中に出てますよ。好き嫌いの激しいのが、やっぱり談志師匠だったでしょう。もう亡くなって6年、今年、もうすぐ7回忌ですよ。11月でしたね。わたしは可愛がられたほうなんですよ。

これから演ります『三方一両損』。これは、まぁ、講釈から出たネタなんですがね。『三方一両損』という言葉は、大抵この年代はご存じだと思いますがね。それを落語で演るとこういうふうになって、なるほど『三方一両損』なのかという話ですね。談志師匠から教わりました。

お稽古をお願いしましたら、

「(談志の口調で) いいですよ。君ね、じゃぁ、稽古の日取りを……、時間が合わないといけないから、来られる日を幾つか出してもらって……」

って、いうこと言われてね。で、何日か出したら、

「(談志の口調で) あぁ、この日でいいでしょう。国会の議員宿舎に来てくれ」

って、言うんです (笑)。議員宿舎で、教わったんですよ。あのう、議員宿舎

で教わってね、畳がありますから、和室があって、そこで教わって……。我々は『上げの稽古』って、聞いてもらってOKが出たら人前でやって良い。で、OKが出るまでは、また日を見て、覚えたものを見てもらわなくちゃいけないんですよ。で、覚えて、何とかなるつもりになってね。

「あのう、談志師匠、……え〜、上げの稽古をお願いしたいんですが……」

「(談志の口調で)そうですか……、幾つか日取りを出してもらいたい……。あぁ、合う日……、そうですか? これにしましょう」

ってんで、

「じゃぁ、お願いいたします。どこへ伺ったらいいですか?」

「議員会館に来てくれ」

って、言うんですねぇ(笑)。議員宿舎で教わって、議員会館でもって、上げの稽古したんですよ(笑)。「何でそんなとこでやったんだろう」と思ったら、権力を見せたかったんですね(爆笑)。……ええ、

「赤坂の一等地で、こんなとこでもって、俺は部屋持ってる。で、議員会館は、こんなところだぁ」

そういうとこにね、いろんな人から電話かかって来るんですよ。

「(談志の口調で)誰から? ……大石君[*3]から、そうですか、今、稽古中で

［*3］大石君……大石武一。衆議院及び参議院議員を長く務め、環境庁長官、農林大臣などを歴任した。平成15年逝去。

すからね。ちょいと間《ま》をおいて、あと20分でいいですから、そのあと『こっちから、かける』と、そう言ってください」

って、いうようなことを言うんですよ。

「……で、談志師匠、あの……大石さんっていうのは？」

「（談志の口調で）ああ、環境庁長官」

みたいなこと言ってねぇ（笑）。なんか自分の偉さをドンドン出そうとした（爆笑）。それも良い思い出でございますがね。最後に演ります『火焔太鼓』というのも、これは柳朝師匠［*4］から教わりました。

本当はね、志ん朝師匠［*5］でもよかったんですが、柳朝師匠が非常に可愛がってくれて、どちらの噺も、まぁ、タイプが同じでね、江戸前でございましたから、教わりました。ただ、最初に言っときますがね。教わって随分経ってますんで、太鼓と同じです（爆笑）。

ところどころ危なくなるかも知れませんけども、それは一つ洒落と思って、ご容赦を願いたいと思いますがね。

江戸っ子は、宵越しの銭を持たないという。これは、見栄で言ったんでしょうね。

「明日は、明日の風が吹くんでぇ、何とかならぁ」

［＊4］柳朝師匠……五代目春風亭柳朝。昭和25年五代目蝶花楼馬楽（後の林家彦六）に入門。当時談志、志ん朝、圓楽と共に若手四天王と呼ばれた。弟子の小朝が昭和55年抜擢真打となり、落語協会でも重要な地位にいたが平成3年逝去。

［＊5］志ん朝師匠……三代目古今亭志ん朝。名人五代目古今亭志ん生の息子という血筋だけでなく、テレビ・タレントとしても活躍し、もちろん落語家としてもその華麗な芸風で人気を博した。平成13年逝去。

って、ね。ところが、正直言って調べてみましたらば、まぁ、日当でもって、もらってますからね、大した給金じゃございません。日銭、……それでもって、身過ぎ世過ぎ全部終わってしまって、宵越しの銭を持たないではなくて、持てないというのが、本当だったそうですな。

だけど、それを言うとね、なんか江戸っ子らしくねぇから、

「冗談じゃねぇやなぁ。こちらとら、何とかなるんだよ。明日は明日の風が吹くんだい！」

ってなこと言って、見栄を張った、ね？

「間抜けなもんが足の先に引っかかりやがったなぁ……。財布《せぇふ》だよ。朝っぱらから、こんなものを拾うようなことじゃ、ロクなことはねぇな。書付けと印形《いんぎょう》と銭が、……三両入ってやがらぁ。……小柳町吉五郎としてらぁ。……野郎、困ってやんがろうなぁ……。届けてやろうかな？　暇だから。え〜と、このあたりがそうかな？　ああ、あそこにタバコ屋があらぁ、あそこで訊いてみよう」

『三方一両損』へ続く

ある訳ないものがあるから珍しい

２０１７年11月13日　三遊亭円楽独演会
金の扱い三者三様……『火焔太鼓』［＊1］のまくらより

あのぅ、いろんなお店覗いて歩きますがね。食い物屋って、それほど面白くないですなぁ。こんなもんが食べられるのか？　今、外にメニューがあったりなんかしてね、え〜、これペラペラめくったりなんかして、「食べたいものは、無いなぁ」てなもんですよ、ねぇ？

あれ、メニューも、今、若い人は写真がないと分からないそうですな。「これ、どういうもんですか？」、「いや、これこれこうですよ」って分からないというんです。だから、やたらメニューにね、写真が出てて、「こういうもんだ」って視覚でもって訴えると、早いそうですな。だから、そういう店、あの覗いて歩くよりも、その店のあのウィンドウを覗いてるほうが面白いですな。スパゲッテイがね、立ってフォークが横になってたりね（爆笑）。蠟細工なんでしょうけどねぇ。器用に作るもんですよ。

［＊1］『火焔太鼓』……町の道具屋がひょんなことから〝火焔太鼓〟という品を手に入れた。これを買うという武士のお屋敷に届け売値の交渉をするが、実は三百両もする高価なものだった。普通の町人がいきなり恵まれる幸せにおかしみが生まれる。

だから、合羽橋や何かの道具屋を覗いてると面白いです。こんなものがあるんだ？　この道具は何するんだろうな？　こないだ驚きましたよ。茹《う》で卵を切るにしちゃ、何か幅があるんですよ、大きいんです。「なんだろう?」と思ってね、そのモノの名前のとこ見たら、トマトスライサーって書いてある。トマトスライスするのに、茹で卵を切るような奴、あるでしょう？　あれのちょっと大きなので出来るんですって。……要らないよね（爆笑・拍手）？　そうでしょう。日本人、包丁でスパスパスパッて切れますよ。え〜、八つ切りだってね、なんだってね、……トマトスライサー、……見て驚きましたなぁ。

だから、何が面白いかというと、リサイクルショップは、面白いですよ。多少古くなったテレビとかね。古い小っちゃな冷蔵庫、扇風機がね、古いカタチの物があったりね、あるいは送風機。こないだね、送風機を見たんですよ。久しぶりに……。あの水入れて、後ろ循環させてね、風が来るってんです。店員に、

「これ、涼しくなる」

と言ったら、

「ならないと思います」（爆笑）

素直なんですなぁ。窓に据えてね。水循環させて、……水が夏場は温かいですから、それほど冷えませんよね。それだったら扇風機にね、冷たいタオルをね、

挟んでね、洗濯ばさみで結《ゆ》わえていたほうが、よっぽど暫くは涼しいです（笑）。ちょいと湿り気のあるのをこうやってて、ファーッて涼しいですよ。やってみてください（爆笑）。来年の夏まで覚えといてね。机だってなんだって、もう古いものは面白いですよ。そういうのを昔は、道具屋さんって言ってましたよね。親父がボーッとしてるんです。そういうところへ、またね、何か面白いものがねぇかなと思って飛び込む奴が居ましてねぇ、

「親父さん、何かない？」

「ダメですよ、あんた。もう毎日来てるでしょう？　あらかた、もう見てね、欲しいもの持ってっちゃって、もう何もないんですよ」

「そこをさぁ、何とか珍しいもんないかな？」

「そうですか、もうね、あんたね、御通家だからね、あらかた持ってってっちゃって、……ああ！　ちょ、ちょっと待って、一つありました。手紙なんですがね」

「どういう手紙？」

「これなんですがね、これねぇ、清水の次郎長がね、小野小町に出した恋文なんですよ」（爆笑）

「それは、珍しいよ。清水の次郎長が小野小町に出した。……ちょっと待ちなよ、おい。それ時代が違うよ、おい（笑）。そんなもの、ある訳ないじゃない」

「いや、ある訳ないものが、あるから珍しい」(笑)
って、何だか分からなくなりましてね。書でも、そうですよ。ほら、小野道風なんかが、書いたもんじゃないかってんでね。額装になってるものをね、薄暗いところで叩いて買ってね、嬉しくて、表出してね、明るいとこで見たら、『今川焼き』って書いてあったりしてね(爆笑)。まぁ、その辺が落語の種でしてね、

『火焔太鼓』へ続く

名人は上手の坂をひと登り

２０１７年12月11日　三遊亭円楽独演会
年末恒例 歌丸・円楽二人会 『ねずみ』［*1］のまくらより
（この年の二人会は、歌丸師匠の入院により三遊亭小遊三師匠が代演にたった）

本当に年末になると、なんか物悲しいですなぁ。「押し詰まったな」という気配がありましてね。昔は、それほどじゃなかったんですが、段々段々1年が早くなってまいりますと、そんな気分も増してくる次第でございます。

また寂しくなるのも、道理ですよね。今日だって、歌丸師匠が入院中というと、やっぱり何か少し気持ちがちょっと縮みますよ。……だけど生きてるだけでニュースになる方ですから（笑）、「大したもんだなぁ」とは思いますがね。これで歌丸師匠がいなくなったら、もっと寂しいんでしょうなぁ。胸がキューンと痛くなるでしょうなぁ。縁起でもない話ですが、1日1日、誰しも皆向こうのほうへ、進んで行っている訳ですからね。いつか別れがある訳でございます。してみると。「やっぱり、寂しいな」と思うのは、我々を鍛えてくれた世代が、もう皆

［*1］『ねずみ』……ある日仙台を旅した左甚五郎は子供と腰の立たない親父が営む貧しい旅籠に泊まった。この貧しさの訳を聞いた甚五郎は木っ端で小さなねずみを彫り上げる。するとそのねずみが動き始めた。これが評判になりこの旅籠が大きくなるまでのほっこりする人情噺。

向こうのほうへ行っちゃいました。

志ん朝師匠なんてぇのは、60ちょいとで逝っちゃったでしょう。早過ぎですよね。で、その前に柳朝師匠がね、お倒れになって、暫く経ってから訃報を聞いたような次第でね。ウチの師匠がもう亡くなって、8年近く経つ訳ですから、ドンドンドンドン寂しくなりますなぁ。……談志師匠が今年で七回忌ですよ。歌丸師匠が来年ですか（爆笑・拍手）。……とんでもないことになりますな。

じゃぁ、憧れたのはどこだというと、その我々を鍛えてくれたお師匠さん方を鍛えた世代です。それこそ、わたしの師匠のお師匠でございます六代目の圓生、あるいは文楽。志ん生［＊2］、古くは三代目の金馬［＊3］、小さん、馬生［＊4］そんなところに憧れて、この世界へ入りました。先ほど小遊三さんも言ってましたがね。もう本当にだいぶ古いほうになりましたから、私共が楽屋に入った頃には、明治生まれのお爺さんが、楽屋にゴロゴロゴロゴロしてましたよ。

なかなか帰らないんですね。仕事が無いせいもあるんですがね（笑）。表に出るとお金がかかるっていうんで、楽屋でもってお茶飲んで、男の無駄話ですよ。「あぁでもねぇ、こうでもねぇ」、くだらない話してました。「何で帰らないんだろうな」と思って暫く経ったら、すぐ分かりましたね。

帰った順に悪口が始まんです（笑）。

［＊2］志ん生……五代目古今亭志ん生。何とも言えないおかしみのある語り口に昭和の落語界で人気を博し、ことに十八番と言われる『火焔太鼓』が有名だった。昭和32年から落語協会会長を務めた。昭和48年逝去。

［＊3］三代目の金馬……三代目三遊亭金馬。老若男女誰にもわかりやすい語り口で長い間ラジオを聞く落語ファンを魅了した。『居酒屋』『藪入り』などが人気だった。昭和39年逝去。

［＊4］馬生……十代目金原亭馬生。戦時中に父である五代目古今亭志ん生に入門、落語家の少ない時代だったのでいきなり二つ目となり、昭和24年に馬生を襲名。破天荒な父とは違う端

「お先に……」

「どうも。ご苦労さん、……嫌な野郎だね、あの野郎はぁ（爆笑）。なぁ、しみったれだよ。あんな了見な奴は居ねぇや。前座ぁ、お前らのお年玉なんぞ、満足にもらったこたぁねぇだろ？　正月に休席《きゅうせき》するんだなぁ、あの野郎は。盆暮れの付け届けも、しねぇし……」

　ってなこと言ってんですね。……その人が帰ってくると、

「どうしたんだよ？　忘れ物？　いけないねぇ、おい。何、忘れたの？　少し来たんじゃねぇか？」

「ああ、そうかい」

　ってなこと言ってね。だから無駄っ話してて、別に悪気がある訳じゃない。風通しを良くして、腹ん中のものを全部出してしまおう……、という了見なんでしょうな。

　今、明治生まれのお師匠さんたちが。綺羅星の如く居たと言いましたが、皆上手かった訳じゃないですよ。ただ居るような人もいました（笑）。そうかと思うと、「この方は達者だなぁ」と思う方が居た。で、名人上手が居た訳ですよ。

　だから、上手い。達者だ。という人はいっぱい居たんですが、それから一つ頭抜けて、初めて名人と言われた。


正な芸風で落語ファンに人気があった。昭和57年逝去。

「名人は上手の坂をひと登り」

ねぇ、上手っていうのは。いっぱい居るんです。達者っていうのは、いっぱい居るんですよ。皆さんの身の回りにも居るでしょう？　サラリーマンで、休みの日になるとね、ちょっとホームセンターか何か行って、何か買ってきちゃ、家のモノを拵えるような方がいらっしゃいますよ。

「このあいだ、棚を吊ってくれたね」

「棚、吊った」

「あれ、落っこっちゃったよ」

「落ちた？　落ちる訳ねんだけどな、……何か載せやしねぇかい？」（爆笑）

載せない棚ってのは無いですがね。

その大工さんの方で名人と言われました方に、甚五郎利勝《じんごろうとしかつ》という方がいらっしゃいます。

『ねずみ』へ続く

明日ありと思う心の仇桜

動物のお題で賑やかなにぎわい座！　つる・狸・らくだ

２０１８年４月９日　三遊亭円楽独演会『つる』［＊1］のまくらより

わたしもここで演るについては、いろいろとルールがございましてね。楽屋からキチンと、ご報告をいたしておきました。意味の分からない方は、そのままで結構でございます（笑）。すぐそこの真金町というところに、老夫婦が住んでましてね（爆笑）。支え合って生きてる訳でございますよ。で、このお爺ちゃんのほうが、この館の名誉館長さんという……、館長（浣腸）ったって、お尻に入れるほうじゃございません（笑）。頭の光ってるほうの館長でございましてね。一昨日《おとつい》、土曜日にお会いしたもんですから、「改めてお宅には、お邪魔しないでいいだろう」と思って楽屋入りして、「やっぱり報告はしとかなきゃいけないな」と思ってね。電話したんですよ。まぁ、言わば、あの生存確認みたいなもんでございます（爆笑）。

わずか2日の差ですけど、「何かあったらいけない」と思ってね。もう1日1

［＊1］『つる』……物知りの隠居に町内の若い者が下らないことを訊きに来た。〝つる〟は何故〝つる〟という呼び名になったのかということだが、隠居は怪しげな説を展開する。これを信じた男は仲間のところに行って、聞いた通りに説明してみるがどうにもうまくいかない、という噺。

日ですからね、あのお師匠さんは（笑）、……いや、我々だってそうですよ。

皆さんも、そうですよ。「明日ありと思う心の仇桜」だからですよ。だって明日があるかどうか、分かりませんからね。だから、今、一所懸命生きている。……それが一番良いんですよ。一所懸命生きるったって、働けって、意味じゃないですよ。楽しもうということです。だから、今日ここでもって落語を聴いて、ワッと笑おうというお客様が一番幸せですよ、ねぇ。それこそ、ねぇ、何を言おうとしてるか、よく分かりませんけども（笑）、要は2人で、もう2人というか、皆さん方とわたしが楽しもうというね、そういう会ですから、わたしだって一所懸命演ろうなんて、了見はありませんよ（笑）。

だって、どこにも書いてないでしょう？　一所懸命演りますとか（笑）、面白いとか、上手いとかね。安いとか楽しいとか、そんなこと一切書いてないんです、ええ。今日は、動物の題の付いた噺を三席演りますよ。それを円楽が演って、あいだにたい平さんのお弟子さんのあずみちゃんという、可愛い音曲師が出ますよ。……それだけの情報なんです。それで、こんなに集まっていただいて、ありがとうございます。

だけどまぁね、早いもんですが、この商売に入って、48年経ちました、ねぇ。あっという間《ま》でしたよ。私共が楽屋入りした頃には、まだ楽屋に明治生まれのお師匠さんたちが山ほど居ましてね。そういう人が喋ってるのを聞いてると、面白いですよ。

「おまえさん。何だって、ハワイに行くのかい？」

「うん、ハワイ行くんだよ」

「ええ、何で？」

「落語演りに、……向こうの人に頼まれてね、一席演ってくれっていうんでね、……初めてだよ。海外旅行、それも憧れのハワイだよ」

「ああ、そうかい、いいなぁ。あちこち見た方がいいよ」

「まずね、ダイヤモンドヘッド見て来るよ」

「何？　ダイヤモンドヘッド、……ダイヤモンドヘッド？　ありゃぁ、俺が行ったときには、無かったぞ」

って、言いましてねぇ（爆笑）。そんな訳はないんですよ。

そういう連中が、もう昔から大勢おりましてね。

「こんちは！　隠居さん居ますか？」

「おお、来たか？　まぁまぁ、こっちへお上がり。勝手知ったる他人の家、お前と私の仲だよ。遠慮は要らないよ。今日は、ゆっくり出来るのかい？」

「いや、ダメなんすよ、ええ。今ね、皆待ってるんです」

『つる』へ続く

狐と狸の化け比べ

動物のお題で賑やかなにぎわい座！　つる・狸・らくだ　『狸』〔＊1〕のまくらより
2018年4月9日　三遊亭円楽独演会

我々の商売は、最初は口伝でございましてね。師匠と差し向かいでもって、三遍稽古といって1日1回師匠が喋ってくれて、それを3日間続けて、4日目には、「さあ。演ってごらん」と言って、すぐに喋らないと、「お前は、物覚えが悪いね」ってなことを言われる訳ですよ。で、「そろそろ他の師匠のところへ行って、稽古しても良いよ」という許可が出ますとね、これはという師匠を探しながら、「このネタは、この師匠に教わろう」というんで、グルグルグルグルいろんなお師匠さんのところを回って、ネタを覚える訳でございます。終いに「上げの稽古」といって、その師匠の前で演る。「そこはこういうふうにするんだよ」、「あと、ここに気を付けて演んなきゃいけないのは、こういう了見だよ」ってなことを教わって、人様の前で喋り始めて稽古百遍っていいますがね、やっぱり人前で喋んなきゃダメですね。

〔＊1〕『狸』……道端で子供にいじめられている狸を助けて、その狸が恩返しに来るという噺。噺の筋が何種類かあり、狸にお札に化けてもらい反物屋への支払いに充てるという「狸の札」。サイコロに化けてもらう「狸さい」。茶釜に化けてもらう「狸の釜」。鯉に化けてもらう「狸の鯉」などがある。

ウチで壁に向かって幾ら喋ってたって、やっぱりお客様を相手にしたほうが、呼吸が違いますから……。と言うのは、ワッと笑うお客様が居れば、笑わないお客様も居るでしょう？　そうすると、やっぱり同じ噺でも、呼吸が違う訳でございますよ。間《ま》の取り方、それが噺によっても、お客様によっても、変わってくる訳でございます。

だから、あんまり笑い過ぎるお客様もいけませんがね。笑わないお客さんもいけませんよ（笑）。とりあえずは、そういう〝思い〟というんですかね。そういうお客様の前でもって、一所懸命喋って、そこそこのカタチにしていく訳でございます。だってぇ、ウチで喋ってたってつまんないですよ。一銭にもなりませんしねぇ（笑）。

犬を飼ってたときがありましたけども、犬も面白いですね。稽古始めますとね、やっぱり空気感があるんですね。いつも居るとこから、すっと逃げようとするんですよ（爆笑）。「ここは居ちゃいけないところだな」と思ってね、膝に乗るような懐いた猫でも、稽古が始まりますと、すっと避ける。そういったものが寝るようになったら、大したもんでございましょうなぁ。

だから、そういうふうにいろんなことを教わりながら、芸人でございますから、もう一つ気を付けなきゃいけないのは、「縁起担ぎをしなさいよ」ってなことを言われる。「世の中はやらなくても、この世界なんだから縁起ぐらい担がなきゃダメだ」、そんなこと言われましてねぇ……。

例えて言うならば、皆さん方も、よくスルメを食べますなぁ。イカの干した奴、……あれをアタリメと言いますでしょう？　スルと言うと、縁起が悪い。モノをする。興行をする。金をする、ねぇ？　ですから、これをみんな、「当たると、言いかえろ」と言われるんですよ。すり鉢が、当たり鉢ね。擂《す》り粉木《こぎ》が当たり棒、

「おい、すまないけどね、当たり箱を持って来ておくれ。で、そこで、お前、あの私の代わりに、よく墨を当たってね」

って、いうことを言って、硯箱を当たり箱、で、墨を磨るを墨を当たると言いましたね。

で、小朝［＊2］の師匠の柳朝師匠が、そういうことが大好きでございました。

「楽太、いろいろとなぁ、そういうのがあるんだ。だから地名だって、そうだぞ。駿河台《するがだい》って言っちゃダメだぞ。当たりヶ台って言え」

って、言われましたね（笑）。そこまで変えなくてもイイと思いますがね。

その柳朝師匠が楽屋に入って来て、

「おう、おい、おい、おい、きちんとこれ並べておけ、アタリッパ、アタリッパ

［＊2］小朝……春風亭小朝。二つ目の頃からテレビ出演し「横丁の若様」などのキャッチ・フレーズで活躍、昭和55年に36人抜きで真打に昇進した。六代目円楽とは同期で前座修業をしており、落語会も一緒に開催していた。

「……」

「はぁ？」

「アタリッパ、並べろ」（笑）

見たらスリッパですよ、ええ（笑）。面白いお師匠さんでございました。そのお師匠さんから、短めに教わった噺でございますけどもね。

これも、あのう、狐狸の噺を何で寄席で演るかと申しますと、これも縁起担ぎなんですよ。狐狸は人を化かしますな……、化けるという。これは、まぁ、

「どうだい、今日のにぎわい座は？」

「お陰様で、化けました」

大勢入ることを〝化ける〟と言うんですな。

「どうしたい？」

「化け損なってますよ」

池袋［＊3］は、「いつも化け損ない」ってなこと言ってね（笑）。そういうふうに使う訳でございます。

また芸もそうですね、

「いいね、この頃、アイツも若手だけど、随分化けたじゃないか」

と、良くなることを化けるなんて言いますな。


［＊3］池袋……池袋演芸場のこと。東京にある4軒の定席のうちの一つ。お客の入りがはかばかしくないことが時々あり、それをネタにされることがある。

狐が七化け、狸が八化け……、ねぇ、狸のほうが一つ余計に化けますけど、狐のほうが、なんか陰湿な感じがしますな。

狸は可愛いですよ、見てましても。今、あんまり見かけませんが、街歩いてるとね、蕎麦屋の前でも、あるいはちょいとしたお店の前に、信楽のね、焼いた狸が置いてあって、番匠笠《ばっちょうがさ》被ってね、お通い持って、八畳敷きがぶら下がっててね、たまには、雌狸《めぬた》が居て、雌の狸が前掛けしてたりなんかしてね。そういうものが、可愛かったですよ。

小さんも、狸の絵をよく描きましたな。その脇に書いた「タヌキ」という字は、けもの偏《へん》の狸じゃないんです。他《ほか》を抜く、他《た》を抜く、「他抜き」という、そういうふうに色紙を書いてましたがね。

狐と狸が、「化け比べをしよう」というんで、狸が御殿に化けましてね、狸御殿ってぐらいですから、御殿に化けた。で、狐が宮殿に化けましてね。どっちが勝ったかと申しますと、5対9で、狐の勝ちという（笑）、……これが分かっていただけないと辛いんでございますけれどもね。

「おい、何をしてるんだ？　おい。おい、ガキ！　止めろ止めろ。揃って犬を苛めるんじゃない」

「オジさん、これ犬じゃねぇんだ。狸なんだ。捕まえたんだよ」

「……狸？　本当だ。何したって、おい、殺生するんじゃねぇんだ。お前、生き物じゃねぇか、仔狸だ。見りゃぁ、可哀そうだ。……分かった、分かった。（懐から小銭を出す所作）これ、おめぇが頭目か？　ガキ大将、これ、みんなで分けな。で、何か駄菓子でも食ってな。……おい、（視線を下げて）おめぇだ、子供に捕まるバカがあるか、おまえ。え？　間抜けな野郎……」

『狸』へ続く

食の好みは、人それぞれで……

世間とちょっとズレた人達の噺　『ちりとてちん』のまくらより
２０１８年５月14日　三遊亭円楽独演会

（高座に釈台［＊1］が置かれている）

え〜、妙なカタチになってますがね、……ちょっと説明しますね。上手袖《あそこ》から、高座《ここ》まで、歩けたでしょう。ここで正座をするのが落語家のカタチなんですがね、先週の水曜日の遅くに空足《からあし》踏みましてね。あれ、あのう、怖いもんですね。もう1段あると思ったら、無いんですよ。スコーンッていって、普通の1段の衝撃の倍以上かかるでしょう。膝がコーンと抜けましてね。で、木曜日の朝、病院へ行こうと思ったらば……、うちの隣が開業医でございますから、すぐにブロック注射でも打ってもらおうと思ったら、木曜日が休診なんですよ（笑）。前は、やってたんです。そしたら4月から休診になりましてね。「何でですか？」って訊いたら、社会保険庁や何か、あるいは労働がうるさいという……、週休2日制にして、さらに土曜日が半ドンにしなきゃいけないと、病院のことよりも、

［＊1］釈台……寄席芸の中で講談を語る（通例〝読む〟と表現する）ために高座の前に置く低い文机のようなもの。ちょうど『笑点』の大喜利司会者の前に置いてあるあれだ。講談は以前〝講釈〟と呼び、講釈のための台なので略して〝釈台〟となった。

働き方改革なんだそうですよ（笑）。

しょうがないから、痛み止め飲んで我慢してて、金曜日にあの『笑点』が北海道の岩見沢というところでもって公開録画でございましてね。これは、あの6月の半ばのときなんでございますけれども、それを撮るんで、前日入りをして、向こうの局の方といろいろ食事会をしたり、意見交換会をしましてね。そのとき実は、

「もう、膝がこういう状態で明日見苦しいと思います。立ったり座ったりが痛くてしょうがないので、土曜日の岩見沢の公開録画は、ちょっとご迷惑かけますが……」

と、言ったらば、札幌のテレビ局の社長は、やっぱりトップへ行く方ですね。

「じゃぁ、立ったり座ったりしない。司会になったらどうですか？」（爆笑・拍手）

って、やっぱり上になる方、考え方違いますよ。で、昇太に、

「社長がそう言ってんだけど、君どう思う？」

って、言ったら、

「嫌です」

って、一言でした（爆笑・拍手）。その上、あの野郎、やたら、人の座布団の

やりとりしましてね（笑）。あれはS《エス》ですね。結婚出来ない理由［＊2］が分かりました（笑）。性根が曲がってるんですよ（笑）。人が、「膝が痛い」ったら、もうやたら立って座って、立って座って、で2枚とって、2枚あげて、1枚とって、……「旗揚げじゃねぇぞ」（笑）、というようなやりとりさせられましてねぇ……。

で、土曜日に録画を終わって、帰ってきても、結局はね、医者はやってませんから、……で、救急行くほどじゃないでしょう？　救急ってのは、本当に命に関わるようなことですから、「何とかなるだろう」と思って、やっぱりね、痛み止め飲んで、昨日の日曜日は、京都の八幡市というところでもって、上方のざこば兄《にい》ちゃんと、二人会だったんですよ。

あのざこばさん、覚えてらっしゃいますか？　前は朝丸といった、ね、威勢のいい上方ではね、珍しい気風《きっぷ》の良い方ですよ。ええ、楽屋で会ったら、「（ざこばの口調で）だ、だぁしたぁ？　だぁしたぁ？　どうしたぁ！　どうしたぁ！」（笑）

人のサポーターを指さして、「だぁしたぁ！」って、凄いですよ。ねぇ、「ちょっと空足踏んで、膝が痛いんですよ」って、言ったら、

［＊2］結婚出来ない理由……春風亭昇太は当時結婚しておらず、長い間『笑点』大喜利メンバーからはそのことでからかわれるネタとなっていた。令和元年に結婚したので、現在この理由は使われない。

「(ざこばの口調で) そんなこと、大したことはない。私は去年の5月、脳梗塞になった」(笑)

と、自分の病気と比べるんですよ。そういえば、昨年の5月の下旬に、ざこば兄ちゃんも脳梗塞になりましてね。で、いろいろリハビリをして、喋るほうの影響はなかったんですが、当人が言うには、

「喋ってることと、頭で考えていることが、バラバラでもって、ちゃんと出てるかどうかが判断出来ない」

と、言うんですね。見ていて、そのまんまなんですよ、倒れる前と(笑)。

「(ざこばの口調で) あれあれ、あれやね。あのあのあの」

なんですよ(笑)。だから全然我々は、「変わってないな」と思うんですが(爆笑)、当人は、「頭ん中と話すことが違うんだ」と。で、ちなみにね、京都と大阪ですからね、

「自動車で来たんですか?」

って言ったらば、

「自動車に乗って来ると、混むから、ノー高速(脳梗塞)だった」

と、言うんでね(爆笑・拍手)。つまらないダジャレが出来ただけの話でございますよ。

こういうのも、通過点ですよ。今日、この姿を見る、……円楽が釈台を出して喋ってるなんてのは、今日のお客様しか見てないんですよ（笑）。いわば希少価値ですよ（笑）。もう明日は、きっと大丈夫になってね、平気でもって正座出来るかも知れませんから……。

こうやって三席、こういうカタチでもって、喋って聴いていただく訳です。とにもかくにもね。医者は嫌《や》ですな。なるべく……、まぁ……、医者嫌いという訳じゃないんですよ。医者は好きなんですがね、注射が嫌いなんです（笑）。飲ませる薬だったら、幾らでも飲みますよ、ええ。

それこそね、睡眠導入剤をビールで飲むぐらいですからね（笑）。それで飲んじゃいけないそうですね、ええ。ビールのほうには、何も書いてないんですよ、「ビールと一緒に睡眠導入剤を飲んではいけない」と（笑）。よく見たらね、睡眠薬のほうに「アルコールなどと一緒に摂取しないでください」って書いてあったんですね。だから、これは「両方の意見を合わせればいいんだろう」というんでね、半分ずつにしましたけどね（爆笑）。

だから、好き嫌いってあります。どなたにもありますよ。人間がそうでしょう？「どうもこの人とそりが合わないよ」、「アイツは嫌だね」ってなこと言いますよ。で、あんまり話をしなくたって、「なんか良い人だな」、ね、「あ、この人は好きだな」って人居るでしょう？　ね、だから案外分かんないもんですよ。人間も好き嫌いが……。

あれ不思議ですね？　山田［＊3］が評判がいいんです、案外（爆笑）。皆さん、テレビで見てるだけでしょう？

「山田さん、ナニナニ持って来てください」
「畏《かしこ》まりました」

あの「畏まりました」という、あれだけでもって、良い人だと思っている人がほとんどなんですよ（笑）。ところが、メンバーも、アシスタントも、スタッフも、全員、山田嫌いです（爆笑）。山田の息子が言ってましたもん。
「僕は、お父さん嫌いです」

って（笑）、家族に嫌われたらお終いですよ、ええ。あれ何なんでしょうね、一つの生理的なもんなんでしょうね、好き嫌いっていうのは。

だって、ゲートボールもそうですよ。わたし、随分長いことやってます。もう40年以上ですか。だからわたしと一緒にやり始めた人たちは、皆、死にましたよ（笑）。だって、皆年寄りでしたから。わたしがね、26歳のときにゲートボール始めたんです。それからもう40数年やってますよ。だからその頃、60ぐらいでやってた方は、もう百以上ですから、生きてないですね。最近ね、ゲートボールやる

［＊3］山田……山田隆夫。『笑点』大喜利の座布団運び。昭和45年からちびっ子大喜利に出演、座布団10枚を獲得し、その賞品がレコード・デビューだった。昭和48年〝ずうとるび〟と名付けたこのグループがヒット曲を出し紅白歌合戦にも出場した。昭和59年から座布団運びに就任、現在に至る。

人が減ってきたんです。で、

「何で、ですか？」

　って、訊いたら、

「あの婆《ばばあ》が居る限りは嫌だ」

　って、言うんです（笑）。

「あのチームに、あの爺《じじい》が居るから嫌《や》だ」

　ってんですよ。だけどゲームとしては面白いし、それこそね、自分が大してうまくなくても、人の役に立つことはあるし、30分の間で頭使ったり、いろんなことが出来るからゲーム性はあって楽しいんですけれども、とにもかくにも、人嫌いってなるんですよ。

　だから、食べもんでもそうでしょう。好き嫌いはありますな。「あれ、なんで好き嫌いがあるんだろう」と思ったらまずね、見た目で嫌いって方が居るでしょう？　これは、食わず嫌いって奴ですよ。食べてみりゃ美味しかったかも知れないけども、見た目が嫌だなっていうんで、食べない人が居る。とにもかくにも、そういうのを「美味い」って言って、無理に勧める方が居るでしょう？　ね、

「食べてごらんよ。これは、美味いんだから」

　わたし、絶対食《や》らないんですよ。だって美味いっていうのは、その人の味覚、

その人の食べてきた中で、美味い不味いがある訳ですよね。だから無理にね、「美味いから、食べな」って言うんじゃなくて、「お好みでしたらどうぞ召し上がってくださいな」というのが、一番親切なんでしょうな。……ええ。だから、食い物ってのはね、人それぞれでございましてね。

『ちりとてちん』へ続く

噺家寿命を延ばす道具

2018年5月14日　三遊亭円楽独演会
世間とちょっとズレた人達の噺　『青菜』［＊1］のまくらより

（緞帳が上がると、釈台を前にした円楽が、既に高座に座っている）

え～、もう一席のご辛抱でございますので、どうぞ気を確かに持ってお付き合いを願いますが（笑）。……板付きと申しましてね、緞帳の上がる前にこちらに来て座って、板に付いたまんま緞帳が上がるという。口上以外で、わたくし、初めての経験でございましてね。こういった釈台を出して演るというのも、初めての経験でございます。案外、あの……、頼りになるもんですね（笑）。「頬杖をつこうか」と思ったときが、何回かございました（爆笑）。「こんな楽して喋ったら、怒られるんだなぁ」と思いながら、フッと思い出したのが、わたしが落語が小さい時分から好きで、ラジオでよく聴いてたときに、出てらっしゃいました。三代目の金馬師匠……、あの三代目の金馬師匠が、釣りがお好きでね。で、釣りに行くんで、線路を歩いてて向こうから汽車が来て、慌てて避けて、足を怪我し

［＊1］『青菜』……植木屋がお屋敷の庭で休んでいると旦那から声をかけられる。酒をご馳走になり、さらに青菜をと奥様に旦那が頼んだところその菜がないという。その際の奥様との隠し言葉を使ったやり取りが知的に見えた植木屋はその隠し言葉を教えてもらい、長屋に帰って試そうとする。ところがどうにも頓珍漢になってしまうという噺。

ましてね。それ以来、この釈台を置いてお喋りをしてました。あと、もちろん講釈の方はね、これ置いて演ってますよ。

あとは、まぁ、今、金馬師匠、……四代目の金馬師匠ですなぁ。ご高齢で、やっぱり膝が悪いんで、「失礼をします」という。そんなカタチで演ってます。だから、これさえあれば、何とかなりますね（笑）、ええ。なんか、わたし、自分の噺家寿命が少し延びたような気がしますよ（笑）。

これで、釈台《これ》置いてね、（鼻に）酸素のチューブ入れてね（爆笑・拍手）。あそこまでやれば、いいんですよ。……あの、うしろから見ると、面白いんですよ。袖から見ると、うしろにボンベがあるんですよ。で、チューブが入ってるでしょう。……海の中でも、出来そう（爆笑）。想像するのは、「あのまま沈めたいな」と思うんです（爆笑）。

え〜、まぁ、そんなこんなでもって、いろんなお噺をしますがね、日本語ってのは上手く出来てますな。「付け焼刃は剝げやすい」、分かり易いですよ。金物の切れ味がイイ物でも、いい加減な火入れをして作ったような刃物は、刃こぼれが激しい。本物を買わなきゃいけませんよという ね。

「鵜の真似をする烏、水に溺れる」

ねぇ、そんな烏、居ません（笑）。烏の行水っていうぐらいでもって、水溜まりでバシャバシャッてやるだけでね。鵜の真似はしませんけれどもね。

あの鵜ってのも、凄いですよね。首っ玉を結わかれてねぇ、川ん中に潜って、鮎なんかくわえて戻って来て、吐き出されるんでしょう?

もう噺家、みんな、鵜と一緒ですよ(笑)。ええ、紐、首にかけられましてね、日本国中、いろいろなところに行かされてね、一所懸命稼いでウチに帰ってきて吐き出されるんですよ(笑)。誰とは言いませんけどね。みんな、そういう生活してます(爆笑・拍手)。

『青菜』へ続く

歌丸師のお別れ会

2018年7月11日　三遊亭円楽独演会
夏です！　若旦那の熱演会　『唐茄子屋政談』［*1］のまくらより

え〜、どうもありがとうございます。……ちょうど、今時分、お爺さんが……（笑）、ご案内の方もいらっしゃると思いますが、菊名の妙蓮寺さんでお別れ会をやっておりましてね。「何で、この日にあなたの独演会をやるんですか？」って方がいらっしゃったんですが、こっちのが先に決まってたんですよ（笑）。お爺さんが先に……ねぇ、決まってたのに居なくなっちゃいまして。いろいろと葬儀社と日程調整をご家族と落語芸術協会の方でやりましたらば、昨日、一昨日が家族葬、そして今日が妙蓮寺さんが空いてるというので、告別式を兼ねて皆さんもおいでくださいというので、お別れ会になりました。

わたしも早めに行って、こちらへ入ってて、同じ時間ですからねぇ……、向こうにずっと居る訳にいかないんですよ（笑）。また向こうに行ったら、怒られるでしょうね。

［＊1］『唐茄子屋政談』……若旦那はあまりに遊びすぎて勘当され、身投げをしようとしたところを叔父さんに助けられる。真面目にやり直させるために唐茄子を担いで売ってこいと諭され、出かけるがなかなか売れない。その後親切な人に助けられ、貧乏長屋では貧しい母子を助けるという人情噺。

「楽さん、ダメだよ、おい。早くにぎわい座に行って、落語演んなきゃダメだよ。アンタはそっちの係なんだから……」

ってね。お爺さんなら言ってくださるでしょう。ここの館長さんでございますからね。だからいいカタチで、わたしはお別れが出来るような気がいたします。「そういうふうにしろ」と、歌丸師匠のほうでもって、配剤をしてくれた訳でございましてね。

今もインタビューを受けて、「一番の思い出は？」って、よく訊くんですよね、マスコミはね。……一番も二番もないんですよ。桂歌丸という思い出があって、どこを切り取っても一辺に過ぎない。だから一番も、十番も五十番もありませんでね。今、頭の中は、歌丸だらけの思い出でございますんでね。まぁ、ご供養がてら、二席落語を一所懸命演やらせていただいて、館長さんのお送りとしたいと思いますが……。

とちったら、とちったで、イイんですよ。「あっ、怒ってもらえるな」と思ってね（笑）。わたしがとちったときはね、叱られたいときですから。ちっちゃなM《エム》が出たなと思えば、結構でございますよ（笑）。上手くいったらば、「褒めてもらえるな」という、どっちつかずの落語を演りたいと思いますんでね。一つ、お付き合いを願いたいと思いますが……。

今日は、テーマが「若旦那の熱演」ということでね。若旦那って人種がおりますけれども、今も居るんですかね。いわば会社の御曹司、あるいはね、坊ちゃんなんてのは、居るんでしょう。金がある。やることもない。ですから「遊ぼう」という了見が先立ちましてね。

で、端《はな》の内は、遊ぶんでもねぇ、もらった小遣いで済ましている。そのうちに、ちょいと気持ちが大きくなってくる。あのう、銭を使っていると、人が寄ってきますからね。で、足りなくなってくると、親父の紙入れ［＊2］から少し抜き取って遊びの多足にする。そのうち段々段々、それが多くなりましてね、店の金に手をつけるようになる。そうすると、親父さんのほうも、

「いい加減にしろ、お前、終いには、勘当だよ。いいのかい？」

「えぇえ、結構でござんすよ」

「お前、何を言ってるんだよ？　オバさんやオジさんが、キチンとあいだに入って謝ってあげてるのに……。お父《とっ》つぁんに向かって、そんな口の利き方があるかい？　謝んなら、今の内だよ」

「何もね。オバさんや何かに頼んだ訳じゃございませんよ。勘当、結構じゃないですか？　お天道様とね、米の飯はついて回りますから……」

「いい加減にしろ！」

［＊2］紙入れ……通例は財布のこと。鼻紙や薬などこまごましたものも入れる使い方もあった。

ってんで、勘当になりましてね。

『唐茄子屋政談』へ続く

若旦那の了見

２０１８年７月11日　三遊亭円楽独演会
夏です！　若旦那の熱演会　『船徳』［＊1］のまくらより

もう一席のご辛抱でございますが……、少し時間が延びそうな気もいたしますけど、お急ぎの方は今のうちにお引き取りいただきたいと思います（笑）。

今から妙蓮寺のほうへ行きゃぁ、献花ぐらいは出来るかも知れませんのでね（笑）。とにもかくにも、今日はテーマがございますんで、それに沿ってお噺をさせてもらいますが、あのう、人ってのは、いろいろですからね。

職業だから、その顔でなくちゃいけないとかございませんでしょう？　だから、今日の若旦那だって、いろんな種類が居るんですよ。遊びの好きな若旦那ね、あるいは謹厳実直な若旦那も居るかも知れませんし、噺にはなってませんがね、ぞろっぺぇな若旦那も居るかも知れません。

とにもかくにも、噺のほうはというと、放蕩三昧でございます。で、人の家に世話になってても、いろいろと我が儘でございますからね。

［＊1］『船徳』……若旦那は遊びすぎて勘当になり、馴染みの船宿に居候している。船頭の仕事を眺めているうちに自分も船頭になると宣言した。しかしそこは素人の了見のままだから騒動が起きてしまう。

「どうも、この家は西日が当たって、暑いなぁ……。ええ、いけないよ、汗かいて。寝てて汗かいてしょうがねぇなぁ。動いてもいないのになぁ。こう暑くなってきたから水辺がいい。……うん、そうだ。涼風が来てね、風が来るようなとこね。……あった。そうだ、親方のところで世話になろう」

ってね。こういう時分になりますとね、船宿の二階に居候を決め込みましてね、

「若旦那、ご退屈でしょう？」

「あはぁ、親方かい？　退屈ってほどのことは無いよ。ええ、二階から下見てるんだ。そうすると、あの小商人《こあきんど》って言うのかい？　担ぎ商人《あきんど》。『先々の時計になれや小商人』、巧いことを言ったね？　あの豆腐屋が来たから、もう何時だな。あっ、これが来たら何時だな。刻限がピタッピタッと分かるんだよ。商売はあれでなくちゃいけないね」

「偉いね、あなた……。言うことが変わってきたよ。そういうことが分かるようなら一人前《めぇ》だ。そんな話をね、旦那にして、いずれ勘当が解けるようにあいだに入りますんでね。で、今日、改めて話って何《なん》すか？」

「あのう、お前の言った通りね、ここで世話になっててね、上げ膳据え膳、それはイイんだよ。うん、よくしてもらってんだけどね。……どうも身体が鈍ってし

ようがない。で、フッと気が付いた。どうだろうなぁ？　このウチで雇ってくんないかな？」

「何《なん》すか？　……船頭にしてくれ?!　バカなこと言っちゃいけませんよ、あなた。そりゃぁ、端《はた》で見ていて楽そうに見えますよ。涼風切って櫓につかまって、大川を上り下りする。これは構いませんがね。冬っていうものがあるんだ、蓑笠着けて、で、櫓につかまって吹雪《ふぶ》く中、船漕いでごらんなさいな、ヒビ皸《あかぎれ》だ。ええ、辛いから止めなさいな」

「……やらしてくんないかなぁ、じゃぁ、こうしよう。このウチでダメだったらね、他所に預けてもらって、そこで修業して一人前になったら、改めてここで雇ってもらう」

「バカなこと言っちゃいけませんよ」（笑）

『船徳』へ続く

三途の川でターン

２０１８年9月12日　三遊亭円楽独演会
残暑から秋の文化祭へ『お化け長屋』［*1］のまくらより

え〜、どうもありがとうございます。なんか眠いですな（笑）。起きてるときは、ずっと眠いんですよ。寝てるときは、ちっとも眠くないんですがねぇ（笑）。あれ、目が覚めた途端に眠くなりますね、ええ、一日中ずっと眠くてね。夜になって、布団入って眠ると、もう眠くないいんですよ（笑）。どういうんですかね？　歌丸師匠はもう眠くないでしょうな（爆笑）。

ずっと寝たままですからね。早いもんですよ。7月の2日に身罷《みまか》りまして、向こうのほうへ行って、２ヶ月半が経ちました。老体に鞭打って極楽浄土に向けて歩いてらっしゃるんでございましょう、ええ。

ただ、あの世というのがあるかどうかっていうのは、分からないわ、……分からないすな。木久扇さんの倅の木久蔵［*2］に訊いたらば、

「私、あの世の小噺出来ますよ」

［＊1］『お化け長屋』……長屋の空き部屋を住人たちが便利に使っていたが、これに大家が小言を言ってきた。何とか空き部屋のままにしておきたい長屋の住人たちは、怪談噺で脅して借りようとする者を追い返そうと画策する。初めはうまく行くが、怖がらない男もいるから大変だ。

［＊2］倅の木久蔵……二代目林家木久蔵。林家木久扇の息子、平成19年に父から この名を受け継ぎ二代目木久蔵を襲名した。

って、言うんですよ。

「演ってみな」

って、言ったら、

「あのよう」（爆笑）

って、言ったんですね。その場で張り倒してました（笑）。我々の世界は、パワハラありですからね（笑）。

わたしの知り合いでたった一人、あの世があると言った方がいらっしゃいますねぇ。丹波哲郎さん［*3］っていう方、『大霊界』［*4］なんて映画作りましたな。あの頃、わたしもラジオをやってましてね。対談のゲストにお呼びしたんですよ。そしたら学生時分の水泳選手だった頃の話だとか、映画界に入ったときの話、鶴田浩二さんの話、いろんな話をしてくれました。そういう話からね、やっぱり映画の宣伝もあったんでございましょう。霊界の話になって、「あの世はある」って言うんです。

「先生、本当にあるんですか？」

って、言ったら、

「連れてってやろうか？」

って、言うんすよね（笑）。これ、「お願いします」とも言いにくいですよね。

［＊3］丹波哲郎……俳優。映画『丹下左膳』やテレビ『三匹の侍』で人気を得た。後にボンド映画『007は二度死ぬ』に出演し世界的な評価を得た。心霊などの研究につとめ多くの書籍を著している。「死後の世界はある」と主張し、関連する映画まで制作した。平成18年逝去。

［＊4］『大霊界』……丹波哲郎が制作、主演した死後の世界を描いた映画。2作目、3作目も制作された。

連れてってくれて、「連れて帰る」とは言ってないんですよ。で、

「私は三途の川を泳いだ」

って、言うんですよ。

「ちょっと待ってください。三途の川泳いで、向こう岸行ったらば、そのまんま彼岸といって向こう行っちゃうんですよ」

って言ったら、

「俺は水泳選手だったから、その癖でもって向こう岸でターンしてた」（爆笑）

って言うんですね。だから言い張るっていうのは、凄いもんでございますよ。

「幽霊の　手持ち無沙汰や　枯れ柳」

なんという川柳がございます。あのう、幽霊って奴は、必ず柳の木の下に描きますなぁ。これを最初に書いたのが円山応挙［＊5］という方、『応挙の幽霊』という。

何で柳の木の下に描いたかと申しますと、柳というのが、あれが緑をたたえる陽木《ようぼく》としてございます。陰陽で申します陽、……ですから、下に陰気な幽霊を出して、陰陽が合体して一つの絵の収まりになる訳ですな。

何でも陰陽としてございますよ。例えば祭りというものがございます。今年も夏祭り、あちらこちらでございましたな。神輿というものが出ましょう。あれに御神体が入ってますんで、陰物としてございます。あれを囃したてるのに陽気な手を使

［＊5］円山応挙……江戸中期の画家。幽霊画が秀逸、写実的で繊細な画風で人気を得た。幽霊の足をなくす形を初めて描いたことでも有名。

う。で、この掌《てのひら》にも陰陽がございます。この陽の手、(掌を)上を向けます。これ陰の手が下を向ける。だから幽霊って奴は、陰の手で出て来るんですなぁ。「恨めしやぁ〜」って出てくるから、背中に冷たいものが走るわけですよ。

幽霊が陽の手で出てくると、具合が悪いでしょうな(笑)。

「(掌を上に向けて)恨めしやぁ〜、アハハ、なんかください」

って、もらいたがっちゃいけません。

今、お話ししました神輿……。これは陰物ですから、陽気に囃したてる。

「(掌を上に向けて)わっしょい!　わっしょい!　わっしょいわっしょいわっしょい!」

って、言うから肩が入って、「わっしょい!　わっしょい」って言うんで、陽気になるんですね。

あれ、陰の手じゃぁ、囃しにくいですよ(笑)。

「(掌を下に向けて)……わっしょい……(笑)、わっしょい……。わっしょい……、わっしょい……、わっしょい……、(小声で)」

「神輿、どうしました?」

「地下鉄に乗っちゃいました」

大変な騒ぎになりますからね。喧嘩という奴、あれが陽気なもんでございますから収めるのに、陰の手を使う。

「何を、この野郎」

「何だ、この野郎」

「手前《てめぇ》は、さっきから気に入らねぇ」

「何だ、この野郎！　やるってのか？」

「やってやろうじゃねぇか！」

「（陰の手で）まぁまぁ、止《や》めな！　止めな！　止めろって言うんだ！　お前も引きなぁ！　止《よ》しなって言うんだ。……止しなよ、ここは私に任せて、まぁまぁまぁまぁ……」

と、言うから喧嘩は治まる。あれ。陽の手じゃ収まり難いですよ。

「何、この野郎」

「何だ、この野郎、……やってやろうじゃねぇか！」

「（陽の手で）止しなよ、止しなよ、おい（笑）。止めなよ、おい（爆笑）。……やっちまえ」（笑）

って、めちゃめちゃになりますからね。

『お化け長屋』へ続く

落語は無くてもいい芸だから……

2018年9月12日　三遊亭円楽独演会
残暑から秋の文化祭へ『馬のす』［＊1］のまくらより

え〜、もう一席伺ってちょっと休憩をさせていただきますがね。

ご趣味というものがございますが、今日、おいでの方は落語が趣味かも知れません。あるいは、演芸というものがお好きかも知れませんな。

（神田）蘭ちゃん［＊2］も言ってましたが、落語なんていうものはね、不思議な芸でございますよ。日本にしかございませんし、本当に無くてもいい芸なんですな（笑）。今、映画もありますし、芝居もある。ウチでテレビ見てても済むのに、わざわざおみ足を運んで来ていただいて落語を聴いていただける。

ウチの師匠が、晩年言ってましたね、私共に、

「（五代目円楽の口調で）お前たちね、いいかい？　落語なんてぇのは、無くたってイイんだよ。無くたっていいんだから、それを悟られないように演らなきゃダメだよ」（爆笑）

［＊1］『馬のす』……釣りに出かけようとした男がテグスの代わりに馬の尻尾の毛を抜いた。それを聞いた男が「そんなことをすると大変なことになる」と言い出す。その訳を聞こうと酒やつまみで男をもてなし、ようやくその訳を聞きだしたが。

［＊2］（神田）蘭ちゃん……講談師。落語芸術協会所属。平成16年神田紅に入門、平成30年真打昇進。BS『笑点』の大喜利にも出演経験がある。

蓋《けだ》し名言でしたね。本当に無くてもいいんですよ。……演らなくてもいい奴も居ますがね（笑）。これは微妙なところでございます。

こうやって座って喋るだけじゃございませんでね。やっぱり、その「身体を動かすような趣味が欲しいな」と思って、たまに誘われると、ゴルフなんかに行ってますがね。あと、暫くやってませんが、釣りなんていうものもやっていました。

ほとんど五目でございましてね、何でもいいから釣ってみよう。そのうちに人に誘われて、ルアーの釣りを始めました。疑似餌というんですか？　ミノーというね、ちょっと魚に似たような物を投げてみたり、ワームと言ってね、ゴカイに似たような作り物の餌でもって、魚を騙す訳ですよ。

あれ魚のほうも、本物のゴカイとかね、餌でもって釣られたんなら納得するでしょう（笑）。「あ、食い物《くもの》が来たな」と思って、パクッといったら、「あっ、痛ぁ！　食べたのがいけなかった」と思って、魚だって釣られてしょうがないですよ。疑似餌っていうのはね、誘う訳です。同じような動きをさせてね、そうすると魚のほうは、「あ、餌だなぁ」と思って、食べられると思ったらガチっと来る訳ですよ。硬いんです。「痛い、痛い」って、その上、ズッと突かれて、痛いってのは2回あるんですよ（笑）。噛んで痛いのと、釣られて痛いのとね。で、「騙された」と思いながら、あげられるんです。だから、騙しっこですからねぇ。それが、合ったんでしょうね、……ルアー釣りが好きになりました（笑）。「どうやったら、騙せんだろう」と思って、いろんな動きをしてみたらば、こういう動きなら釣れるんじゃないか？　上の面《つら》でもって、釣れるんじゃないか？　下のほうを狙ってみようとか、そんなことをやりましたよ。

だから釣りの好きな方になりますとね、明日、久しぶりに休みがある。釣りに行く予定を立てて、……子供の遠足と同じで、枕元で仕度始めましてね、「久しぶりだね。よく働いたよ、ねぇ。よし。やっぱり手入れしてしまっておくと、随分違う。替えの竿も持ったと……、えっ？　何が？

『お弁当どうします？』

イイんだよ、何でもいいから。握り飯、三つ、四つ、竹の皮に包んで、沢庵かなんか、２切ばかり入れてね。梅干しでも何でもいい。塩でも構わないよ。この陽気だから、少し塩辛《しょっから》く握ってね。……え？

『ノリ付けますか？』

いいんだよね、ノリなんざぁ、ベタになるから。あの鮭かなんかの炙ったのをね、脇に付けてもらうと余計に嬉しいなぁ、ああ。何でもいいから、その辺にあるものを詰めて構わねぇよ。

え～と、餌はキチンと用意出来た。仕掛けも拵《こさ》えた。……テグスだよ……」

『馬のす』へ続く

風物詩　売り声あれこれ

２０１９年２月13日　横浜にぎわい座　三遊亭円楽独演会
69歳と５日……リセットの会『豆屋』［＊1］のまくらより

（客席から、「たっぷり！」の掛け声で登場）

え〜、何ですか、いろんなお願いをされたような気がしますが……（笑）。聞き流すことにさせていただいて……（笑）。

だけど、このクソ寒い中をね、２階まで入っていただきまして、ありがとうございます。亡き歌丸も喜んでると思いますよ（爆笑）。今年は、いろいろと一周忌で企画も考えておりますし、思い出供養といいますか、そんなことを兼ねましてね、この３月には南区のほうでもって、一門の方と追悼の会をやって、４月はいつも国立（演芸場）［＊2］でね、歌丸師匠が会をやってらっしゃいますんで、落語芸術協会［＊3］の主だったところでもって、追善をやろうじゃないかと……、で、夏になると、また８月に歌丸師匠が圓朝［＊4］モノといってね、長講熱演でもって、10日間国立でトリをとってました『塩原多助』［＊5］を演ってみたり、

［＊1］『豆屋』……豆を担いで売ることになった男。とある長屋に入ると柄の悪い男に脅されて仕方なく多めの量を売らされる。同じ長屋のさらに柄の悪い男からも呼び止められ恐る恐る豆を秤にかける。

［＊2］国立演芸場……昭和54年開館。都内にある4軒の定席とは異なる寄席形式で運営している。令和5年10月に閉館し、建て替えに入る。令和11年完成予定。

［＊3］落語芸術協会……昭和33年新作落語派の六代目春風亭柳橋を中心に発足。柳家金語楼、古今亭今輔、桂米丸、春風亭柳昇など新作落語の人気者が多数所属していた。

あるいは『牡丹灯籠』［＊6］を演ってみたり、で、その「8月の会が、どうなるのかな?」と思ったらば、国立も協会もご遺族も、「一番仲の良かった楽ちゃんにやってもらおう」と勝手に決めましてね（笑）。わたしの8月、夏休みがなくなっちゃったんです。「ちょうど、お盆時期に10日間、あそこでもって何かみっちり演ってください」という。だから、歌丸お爺ちゃんから、宿題をいっぱいもらって、これからやっていくようなもんでしてね。え〜、今日も語り直しじゃございませんが、69歳と5日という中途半端な日です（笑）。

2月の8日に誕生日になりましてね。69って半端ですね（……拍手）。いややや、なってみて、つくづく思いましたよ。70なら、70でね、「ああ、古希になったなぁ」と思うんですよ。なんか、じわじわ首絞められてるような感じでね（笑）。前期高齢者には、とっくになってますけれども、「70という歳になるのに、あと1年かかりますよ」なんてんで、なんか首を真綿で絞められてるような、「お前は、もうすぐ70だぞ。ざまあみやがれ、70になるんだ」というような、何かしわ寄せが来たようなね、69ですよ。

徳俵にね、足掛けてね、「ちょっと踏ん張ってみようかな」という気持ちもありながら、私が昭和25年の2月の早生まれですから、これから4月が過ぎますと、同級生がドンドンドンドン70になってくるんですよ。「ざまぁみやがれ」と

［＊4］圓朝……初代三遊亭圓朝。江戸末期から明治にかけて大活躍した。数々の長編創作落語を生み出し、落語中興の祖と呼ばれている。『牡丹灯籠』『真景累ケ淵』などが有名。また『死神』も海外作品の翻案として手掛けた。明治文学の言文一致体にも影響を与えたとされている。

［＊5］『塩原多助』……正式には『塩原多助一代記』。三遊亭圓朝作。江戸時代に実在した〝塩原太助〟をモデルに仕上げた噺。裸一貫から真面目に働き続け末は豪商となった男の出世物語。

思いながらね、4月を迎えて自分が来年の2月になると、「おめえも70だな」ってなことを言われてね……。「ああ、そうだよ、同い年だな、同級生だから」、考えてみますとね……。

もう高校出てから50年以上でしょう。で、70って歳は、ウチの師匠のところに行って、ちょうど50年なんですよ。19の最後のほうで、鞄持ちを始めて、20歳になって4月にウチの師匠が、「お前、どうだい。落語やってみねぇか?」と言われて弟子になった。

ですから、噺家として鞄持ちを始めて、もう既に50年経つ訳でね、こんなになると思わなかったですね。紅顔の美少年で、そのまま可愛がってもらってね、「楽ちゃん、楽ちゃん」と言われ続けると思ったらば、円楽は押し付けられるしね。歌丸の足跡は追っかけなきゃいけないし、背中は追っかけないんですがね、背中を追っかけても、小っちゃ過ぎますから（笑）、細いですしね、乗っかると折れそうですから、まぁ、「静かに足跡を踏んでいこうかな」という、そんな気分でございますがね。

だけど、まぁ、「この商売で良かったな」と思うのは、定年がないこと、……ね。あれ、定年がありますとね、皆さん、退屈でしょう。こういうところに、来なきゃいけないんですよね（爆笑）。はっきり言って、皆さん定年でしょう?

［＊6］『牡丹灯籠』……これも三遊亭圓朝作の長編怪談噺。何章にも分けられて続き物として語られた。タイトルの〝牡丹灯籠〟は「お露と新三郎」という章で登場する幽霊が手に提げていたもの。

上がっちゃった訳でしょ、あるいは若い方はね、別でございますよ、お時間を作っていただいて、「円楽を見に行こう。聴きに行こう」、有給休暇を取った方もいるでしょう。そういうお客さんは、大事です、ええ（爆笑・拍手）。

そちら側でもってね、お金《あし》払って寄席《ここ》へ来てね、1人でベラベラ喋ってるのを見てて、「楽だなぁ」と思うでしょう（笑）。……正直言って、少しは楽ですよ（爆笑）。少しは楽ですけども、時々、「（予定演目を）三席なんか出すんじゃなかった」とかね、「ああ、稽古してねぇな」とかね、「今日は、行きたくねぇな」とかね、「やめちゃおうかな」とかね（笑）、いろんなことが逡巡としながらある訳ですよ。

だけど、「続けてきていて、良かったなぁ」と思うときがいっぱいあります。今日みたいに、こうやって寒い中お越しいただいたお客様が、ずっと付き合っていただけると思うと、これも楽しみの一つですよ。だから、これが易しいって商売はないです。

特に、物を売るってのは大変ですな。売り方も変わってきたでしょう。わたしね、今日、時間気にしないで喋りますがね（笑）、ええ。だって、そう言った方が、その辺に居るでしょう。「いっぱい演れ」ってね。ああいうのを聞くと、いっぱい演らなきゃいけないと思ってね。こんな無駄っ噺《ぱなし》もする訳ですよ。

で、「無駄噺して、いい」って言ったのは、小三治さん［*7］ですからね。わたしが若い頃に、あの人はわたしに対して、

「普通に演れ、落語は普通に喋れば、うまく笑うように出来てて、まくらなんか、そんなにふらなくたっていいんだ」

と言ってた人が、今は、まくらばっかりですからね（笑）。だから、そういう人も居ます。こないだ訊いたんですよ。

「言ったことと、やってること違いますね？」

って、言ったら、

「人間は、進化する」

って、言いました（爆笑）。強情っ張りですなぁ、あの人もなぁ。だから、わたしも強情を張って、いろんな噺をしますがねぇ。

やっと、（ガラケーから）スマホに替えました。スマホたって、らくらくスマホね。ハードルの低い奴、大竹しのぶっての（笑）、あれがポーンと飛んでる奴ですよ、ね。ガラケーで十分だったんですがね。ちょっと調べ事があると、ガラケーはね、止まるんですよ。「この先は、危ないですよ」って警告が出てね、「この先は、開けられませんよ」ってなこと言って、もうとにかく一言調べるのにね、もうずっとずっとね、OK、OK、OK、OK、ってやってなきゃいけない。


［＊7］小三治さん……十代目柳家小三治。昭和34年五代目柳家小さんに入門。昭和44年抜擢で真打昇進し小三治を襲名。平成22年落語協会会長に就任。平成26年人間国宝に認定。令和3年逝去。

やっぱりスマホはね、打ち込んでポンと押すと、スー、違うところをポンと押すと、また……。さらに音声入力で、声でもって出来るでしょう、ね。「アマゾン」なんて言えばね。川が流れる訳ですよ（笑）。川は流れない。品物が流れるんですね、流通でね。アマゾンでこないだね、ちょっとした2千円のモノを買いましたよ。そうすると、今、送料無料だとかね。「あっ、これは持っちゃいけないな」って一時思った、……というのはね、それから、アマゾンたまに開くとね。「これも欲しい。あれも欲しい」というようなモノが出て来るんですよ。あいうものに手ぇ出すと大変ですよ。やっぱり自分の目で見て、自分でもって味わって、自分でもって確かめて、モノを買うというのが、昔のいわゆる買い物ですな。

またあの、買い物に行かなくてもね、昔は行商とか、あるいは売り子さん、小商人、担ぎ商人、そんなものが町内を回ってましたなぁ。「先々の時計になれや小商人」、「あの人が来たから何時頃だ」、「刻限はいつ頃だ？　お昼ちょっと過ぎたな」って、みんなそれで分かるんですよ。

きちんとした商売やってましてね。また売り声ってのがありました。これが、風物詩ですな。今、寄席で宮田さん［＊8］というお爺ちゃんがね、売り声（の芸）演ってます。そういうの聴いてても、私共は懐かしい世代ですから、それが

［＊8］宮田さん……宮田章司・江戸売り声漫談家。昭和30年漫才師としてデビュー。コンビ解散の後に昭和51年から江戸期の物売りの声を再現し寄席芸にしていた。令和3年逝去。

最後に残っているような、え〜、戦後の記憶がございますんで。「なるほどなぁ」と思いますよ。

夏場、近くなりますとね、金魚屋さんなんてのが来ました。昔の江戸の時代は、棒手振《ぼてふ》りでもって、桶を二つつけた天秤棒を担いで売りにしたそうですがな。あれはあの、その時代の運び方、私共の頃になると、リヤカーがありましたからね。リヤカーにね、ちょっとした生け簀《いす》みたいなものに、いろんな金魚を入れて、琉金《りゅうきん》みたいなものまで入れて、売って歩いてましたよ。

これはまたのんびりしてましたね。水が零れますんでね、そぉーっと引いて歩く。だから、金魚屋さんの売り声もね、のんびりしてましたな。

「金魚ぉぉぉぉぇぇぇ〜、金魚ぉぉぉ〜」

って、言うんだよね。うしろでもって、パチャン、パチャンと、水が跳ねているような気がしますよ。

「金魚ぉぉぉぉぇぇぇ〜、金魚ぉぉぉ〜」

ねぇ、そういう売り声が懐かしいですな……。いろんなものを売って歩いてましたなぁ。

「大根と付くべき文字に付けもせず　いらぬ牛蒡《ごぼう》をごんぼォという」

野菜も1品ずつ売りにしたんです。例えばね、わたしの住まいしております砂村新田はね、ネギの促成栽培でもって有名だった。……だから砂村ネギ。三河島は、三河島菜。あるいは小松菜は、小松川というようなものが地名で残ってますな。ああいうものを葛西だとか、そういったところの人間が担いで商いをした。だから、大根なんていうものは、大根と売らないですよ。

「大根や！　大根！　大根！　大根！」

って、言うと、なんかスが入って、硬そうでしょう（笑）？　やっぱり大根おろしだって、柔らかくてフワッとしたほうがよろしゅうございますし、水気があるためにね。

「でぇ〜ご、でぇ〜こぉぉぉ〜、でぇこ」

なんか土が付いていて、お百姓さんが採れたてのものを売ってるという感じがしますな。この大根のとった〝ん〟の字をどこへ持っていくかというと、牛蒡の方へ持ってくる。

あれ、牛蒡だってね、ゴボウと言ったら売りにくいですよ。

「ごぼぅ（笑）、……ごぼぅ、ごぼぉ、ごぼ……」

何だか、泥濘《ぬかるみ》をね、長靴を履いて歩いているようなもんですな、ねぇ？

「ごぼ、……ごぼ、ごぼごぼごぼごぼ……、ごぼ」

なんかね、泥濘みたいな気がしますよ。だから、牛蒡のほうに、〝ん〟の字を持ってくる。

「ごんぼぉ、ごんぼぉぉぉ～！　ごんぼ！」

　そうすると、大根と牛蒡、「なるほどな」という売り方が出来る訳ですなぁ。ですから、そういうようなものを、昔はというと売り歩いた時代がございましてね。

「え～、豆屋でござい！　豆屋でござい！　……何だって豆屋なんかになっちまったんだろうなぁ？　オジさんのところに行ったら、

『おまえ、暇だろうから、これでも売って少しはお母《つか》さんの手助けをしろ』って、余計なお世話だよ。俺は、のんびりしてんのが、好きなんだから、……え～、豆屋でございぃぃぃぃぃ！　豆屋！」

「おう！　豆屋ぁ！」

「ビックリした。怖そうな人だなぁ……」

『豆屋』へ続く

大卒の噺家とは……

２０１９年２月13日　横浜にぎわい座　三遊亭円楽独演会
69歳と５日……リセットの会　『藪入り』［*１］のまくらより

先ほどちらっと入門のキッカケね、師匠のほうから誘われてこの世界に入ったと言いましたが、こういうところを聞き逃してほしくないんですよ（爆笑）。大抵入門ってぇのは、「弟子にしてください」と日参をしてお願いして、師匠のほうが根負けをして、「じゃあ、暫く居てごらん」と言って、弟子になるんです。
あたしの場合、ちょっと細かく話をしますとね、鞄持ちしていましたでしょう？　で、ウチの師匠が住んでいたのが、竹ノ塚というところでございます。足立区のね、西新井の一つ先の寺町でございましてね。そこへ帰るタクシーの後部座席で、勿論師匠が奥へ座っていて、で、あたしが手前へ座っていて、あれでもう夜の十時近かったですか……。で、西新井橋を渡って、七曲がりってところを、こう七曲がりってくらいですから、７回ぐらい曲がるんですよ。その車中でもって、ウチの師匠が顔を近づけてくるんです。……想像してください（笑）。

［＊１］『藪入り』……その昔は少年の頃に商家に奉公に出される。年に２回帰宅を許される日を藪入りと呼び、親も子もその日が待ち遠しいものだ。そんな前夜と息子が帰宅してからの騒動を哀愁と共に描く噺。

夜の10時に（笑）、竹ノ塚に向かう街灯もないような七曲がりという道で、タクシーの後部座席の狭い空間の中で、あの顔が近づいてくるのですよ（笑）。ホラーですよ、ええ（笑）。で、「何か言うな」って思っていたら、

「（五代目圓楽の口調）君は卒業したら、どうすんだい？」

って、こう訊いてきたんです。その頃、師匠の鞄持ちの他に放送作家のアシスタントだとか、まぁ、食えませんからね、学費出すのも大変で、いろんなアルバイトをしていました。まぁ、その中でやりたい仕事は、やっぱり放送局や何かメディア関連の放送作家をやってみたいと思っていたので、

「放送関係に行きたいと思います」

「……（五代目圓楽の口調）どうだい？　落語やってみねぇかい？」

「……と、申しますと？」

「（五代目圓楽の口調で）めんどくせぇから、弟子になっちまえよ」（笑）

「えっ？」

こう言った訳でございますよ（笑）。ねえ、ということはスカウトでしょ？　ええ（爆笑・拍手）、だから一門の五十何人居る中で、スタートがわたしだけ違うんですよ。

でもまぁ、弟子になってもやることは同じです。鞄持って、付いて歩いてい

た。そうしたら、あのNET、え〜、今のテレビ朝日ね。ニッポン・エデュケーショナル・テレビジョン、NET、ねぇ、そこのプロデューサーが、

「やっぱり、弟子になったんだ」

って、言うんですね。

「えっ？　と、申しますと？」

「いやぁ、僕たちが薦めたんだよ。君ぃ、鞄持って付いてるから、

『お弟子さん？』

って、訊いたらば、師匠が、

『あれ、あの、学生で鞄持ちのアルバイトしてる、うん。まぁ、落語のことも知ってるし、放送作家のアシスタントもやってるから、多少のものは書けるし、着物もたためるし、重宝してるよ』

『だったら、弟子にしちゃえばいいじゃない』

『どうして？』

『弟子にすれば、給料払わなくて済む』

って、言ったんだ」（笑）

ウチの師匠の頭の中に、「タダ」って吹き出しが出たんですね。それが西新井橋を渡った七曲がりのホラー（笑）。そこへ繋がってくるわけですね。だけどま

ぁ、そこで誘われて流されて、で、

「卒業は出来るのか？」

って、訊かれたんで、卒業まで2年近くありましたけど、

「専門科目を少しやって、出たい授業、あるいは出なきゃいけない授業が少し残っておりますが、それさえクリア出来れば、卒業は出来ます」

「ああ、じゃあ、勿体ないから卒業しなさい」

てんで、まあ、学校にそれこそ週に1日2日、あとは、全部師匠のお供をして、で、無事卒業して、それまでは見習いだったんですが。卒業と同時に落語協会の前座拝命。見習いと前座じゃあ、えらい違いですからね。見習いってのは、見て習うだけですから（笑）、楽屋に居てボーッと突っ立っててね。

「あんちゃん、手伝いなよ」

てなことを、言われるまでは、動いちゃいけないんですよ。給金もねえ、それこそ、雀の涙ってものじゃないですよ。見習いやるとね、百円くれるんですよ。で、前座になると150円になるんです（笑）。この50円の差は大きいですよ。で、それから1年ぐらい経つとね、2百円になって、で、最後は250円。2日に一遍給金が出てね。玉の音がしない袋をもらうんです。……5百円札。懐かしいでしょ？　5百円札入っていると、嬉しいです。「これでもって、4日食える

なぁ」ってもんです。え〜、それぐらいの生活です。あの言っときますけど、時給じゃないですよ（笑）、日給ですよ。ええ、1日働いて250円、そんなんで楽屋でもって一所懸命働いてました。

そうしたら、大師匠の圓生師匠が、側へ呼んでくれましてね。ああいう、あの、偉いお師匠さんになると、呼ばれるまでは側へ寄れないんですよ。

「おいおい、楽太郎、ちょいとこっちへおいで」

「大師匠、何か御用でございましょうか？」

「おまえは圓楽に訊いたらば、キチンと大学を出たらしいな？」

「はい、お陰様で、卒業させていただきました」

「へへっ、無駄でゲス」（笑）

って、一言《ひとこと》でしたね（爆笑・拍手）。驚きましたよ、側へ呼んどいて褒めてくれるのかなぁと思ったら（笑）、頭一つポォーンと叩かれたようなもんですよ。

確かに、考えてみりゃぁ無駄でしょうな。この商売に学問は要りません。雑学は必要ですがね。それこそ、系統立った学問は必要ございませんしね。だから、昔の人はそんなに勉強しなかったでしょう。

圓生師匠だって、いわば今でいうと家庭教師、……教えてくれる人が家へやって来て、え〜、それこそ小さな頃から〝豆仮名太夫《まめかなだゆう》〟というんで、子供で義太夫語りで寄席へ出ていたぐらいですから、読み書きはみんな家でもって、そういう人が教えてくれた。

だから、その手の話でもってね、楽屋で花が咲きましてね。林家のお師匠さん（八代目林家正蔵）だとか、橘家（二代目橘家文蔵）［＊2］だとか、いろんな師匠がいらっしゃってね、圓生師匠が口火を切りましたよ。

「おまえさんは、学校へ行ったかい？」

「バカにする奴があるか、あたしゃぁ4年も行ってた」（笑）

昔は何年制なんですかかね？

「その向こうは？」

「え〜、そんなものはあったかな？」

って、酷い人が居ましたよ。「学校があったかな？」って時代ですからね。もっとも、そういう人たちってのはね、芸人になれればなれで良しで、そうでない子供の親としてはね、「手に職をつけさせよう」、「食えるようにしてやりたい」ってのが、親心でございます。

今は、そうじゃないでしょう。とにかく子供のほうが生意気になりましたなぁ。先日ね、友達ん家《ち》に遊びに行ったんですよ。そしたら、遅い子なんですね、小学校の5、6年生ですか、……ゴロゴロゴロゴロ、ソファーで寝てるんです。


［＊2］橘家（二代目橘家文蔵）……八代目林家正蔵に入門。当時の正蔵はいずれその名を海老名家に返すつもりがあり、弟子には別の亭号をということで二代目橘家文蔵を襲名した。平成13年逝去。

親らしいとこ見せたんですね、小言を言ったんですよ。

「ほら、ゴロゴロ寝てんじゃねぇ！」

こう言われたら、我々から上の世代は、「ハイ」って起きたんです。だって、起きなきゃ張り倒されるでしょう？　今の子は、違いますよ。寝たまんま、口答えするんですよ。

「なんで、寝てちゃいけねぇんだよ」（笑）

こんなこと訊かれると思わないで、親は小言を言った。逆襲をしようとすると、これが墓穴を掘る元ですね。

「じゃあ、訊くがなぁ。何で、寝てんだ？」

「何で寝てるかって、楽だから寝てるに決まってんじゃねぇか」（笑）

「楽しないで、起きて勉強しろ」

「起きて勉強すると、どうなんだよ？」

「勉強したら、良い学校に入れるんだよ」

「良い学校に入るとどうなるんだよ？」

「就職が良いんだよ」

「就職良いとどうなる？」

「給料が良いんだよ」

「給料が良いと、どうなんだよ」
「楽が出来んだよ」
「今、楽なんだよ」（爆笑・拍手）
誰のお陰も何もない。今、楽ならこのまま行っちまえってなもんでね。

『藪入り』へ続く

小さなサーカスの仕事

2019年3月15日　横浜にぎわい座　三遊亭円楽独演会
春～生き物も動き出す『動物園』［*1］のまくらより

わたしもいろんな仕事をしました。噺家になる前は、アルバイトってんでね、とにかく、日給月給の仕事、あるいは日当の仕事、……3Kなんてものを、随分とやりましたけど、噺家になってから、ウチの師匠に言われたのは、

「どんなに苦しくても、アルバイトはしちゃいけない。例えば出前持ちとかね、御用聞きとか、そんなこととしちゃダメだぞ」

と。ただし、

「司会者とか、あるいはね、余興、こういったものは、人前で演ることで自分の芸を助けることになるから、良いであろう」

ということを言われて、結婚式の司会とかね、アルバイトしましたよ。人前で喋るような商売はやっていい。ただ、

「裏で皿洗いとかね、そんなことしてまで、噺家がやることじゃねぇ。苦しくて

［＊1］『動物園』……楽に出来る仕事を探していた男が動物園で虎の皮をかぶって檻の中で歩いてくれという仕事がきた。給料がいいので喜んでやり始めたが、ある日隣にいるライオンと戦うという趣向が発表され男は慌てた。明治期に上方で創作された噺。

も、我慢するもんだ」

と、言われました。

で、いろんな仕事を喋ったり、司会をしたりする中でもって、面白かったのは、サーカスの司会……。あのボリショイとか、木下なんてサーカスじゃないですよ。今度、調べてください。……カキヌマ大サーカス。これカキヌマ芸能社って芸能社がありましてね、桐生だとかあるいは足利、あるいは栃木、その辺を根城にしてね、いろんな歌謡ショーやなんかをやってる芸能社があったんですよ。芸能社やってんですが、その大本《おおもと》は、……本当はサーカスだったんです。

サーカス……、あんまり売れなくなったんで、しょうがないから芸能社やってんですがね。……あの、ピンキーとキラーズ［＊2］で当てたんですよ。あれが紅白に出る前に、それこそスケジュールを取ってピンキーとキラーズって、……何も前触れもなく、チケット売ろうと思っても、なかなか売れずにね。北関東の興行しようというんで、ホールを押さえて何かしてたんですなぁ。そうしたら、ピンキーとキラーズが紅白に出て、ドーンと売れたの。で、その後ですから、ドンドンドンドンお客さんが入るでしょう。え、そのピンキーとキラーズで当てたお金で、……やっぱり夢だったんですね。自分の本業であるサーカスを復活させた。わたしも芸能社時分から付き合ってましたから、

［＊2］ピンキーとキラーズ……昭和43年『恋の季節』の大ヒットでデビューしたポップス・グループ。16歳で大柄な女性ボーカル・ピンキーと山高帽とステッキが特徴のバンド・キラーズ。昭和47年まで活動。

「楽さん、悪いけど司会演ってくれ」

ってんで、カキヌマ大サーカスの司会を演りましたよ。ただね、とにもかくにも貧乏なサーカスですからね、客も入らないしね、大したモノも居ないんですよ。鳩がバタバタしてたりね、それこそリヤカーにね、文化祭じゃないのに、リボンやなんかつけてね、で、馬は高いですから、犬4匹でもってね（笑）、犬ぞりの代わりにリヤカー引っ張って回る訳ですよ。一輪車でもって、バレエの衣装を着て、傘をさして、綱渡りをするようなオバさんが居るんです……、お姉さんじゃないんです。このオバさんは、普段は何をしてるかというと、裏でもってまかないをやってるんですよ（笑）。で、まかないのオバさんがお昼の仕度が終わって、自分の出番が来ると、着替えて、傘さして、一輪車でもって綱渡りするんですよ。私共は裏方も兼ねてますから、表でもって司会するんですけどもね、遠目に見てるとオバさんは普通にやってて、バレエの恰好してるから、お客さんは、「ちょっと太めだけども、若いのかなぁ」ぐらいの感覚で見てるんですが、要はまねき猫ちゃんが、……あの（笑）、レオタードを着て、一輪車乗って、高《こ》座《こ》を走ってるようなもんでございますね（笑）。知るのと知らないのとではえらい違いだというような……。

あとね、白鳥《しらとり》さんという人、これは凄かったです。白鳥選手、何をやるかとアイアンボール。ご案内しますとね、鉄球があるんですよ。そんな大きな鉄球じゃないですなぁ、この舞台の半分ぐらいの鉄球ですか……。高座の大きさのね、この鉄球の中でね、バイク、……50ＣＣに毛の生えたようなバイクをね、これマフラー取ってあるから、音は凄いですよ。バヤン！　バンバンバン！　バヤーン！　っていうんです。この音で脅かしといてね、このバイク反動をつけてね、この鉄球の中を走るんですよ。すごい勢いです。音と、煙が。マフラー取ってありますから……、そのうちに手放ししましてね、腰《こっ》から日の丸の旗をパッと出して、バァーン！　っていって、降りるんですよ。これは迫力ありましたね。それこそエンジンが止まれば、怪我するような芸ですからね。これは、もう見てて驚きましたよ。

団長は何をするかというと、……猛獣使いなんです。ただ1匹、1頭というんですか、飼っていたのが、ライオンです。……このライオンがね、もう歳をとりましてね、乱杭渡《らんぐいわた》りといって、この杭をね、乱杭になってる訳ですよ。乱れ杭ですな、要するに乱杭ね。その上を渡るんですよ、ね。ところが歳とってますから、コケるんです（笑）。コケるとね、カキヌマさんがね、鞭でもって、脇をピシィーッ！「ガァァァ」とね、一応怒るんですよ。可哀そうですよ。だって、このライオン、裏に居ると、いつも寝てるんですよ（笑）。それで肉だって、挽き肉にしないと食べられないのですよ（笑）。そのラインを無理やり引っ張って来て、乱杭渡って落ちると、ピシッィー！「ガァァァ」っていうと、お客さんは「凄ぇな」と思うんですよ。

最後は、このガァーッといった口の中に、そのカキヌマ団長が頭を突っ込むんですよね。そうすっと、小学生や中学生が、「凄い……、大丈夫かな」と驚くんですよ。ところが、このライオン年寄りですから、歯が無いんです（爆笑・拍手）。団長の頭、甘噛みしてるんですよ。だから、怖くも何ともない、裏知ると。手品の裏を知ったようなもんですよ。

一番驚いたのは熊本まで行きましてね。あんまり客が入らないもんですから、教育委員会にお願いに団長が行きましてね。小学校、中学校あるいは、幼稚園、そんな連中に、どうぞ御招待で、それは親も来るでしょう。親のお金だけで、補助金で出してもらえませんか？　みたいな制度にしたんですなぁ。維持費が大変ですからね。

そうしましたらば、オープニング、子供たちが大勢来ました。私も司会してました。ねぇ、犬のリヤカーが場内走るんですよ。ね、そしたらこの犬が、盛りがつきましてね。リヤカーが止まって、盛りがついてるから、始めちゃったんですよ（笑）。そしたら、保護者と、それから先生が、

「見ちゃいけません（爆笑）！　見ちゃいけません！」
「凄《すげ》ぇサーカスに、付き合ったな」と、思いましたね。ええ、だから、いろんな思い出があって、……おかしなこともありましたけどね。いい思い出でございます。だからそういう、小っちゃなサーカスもあったような時代、その前の時代というと、移動動物園……、それこそいろんな動物を見せようというんで、檻を作って、それを一所懸命引っ張って歩いてね、田舎を回ったなんて時代がございましてね。

『動物園』へ続く

我々は落語に帰依している

2019年4月8日　横浜にぎわい座　三遊亭円楽独演会
花まつり＝仏教を楽しむ落語会『宗論』のまくらより

（圓楽の出番の前に、女性漫才コンビ『ニックス』［＊1］がゲストで漫才を披露した）

ただ今がね、ニックスという……、芸名の由来を聞いたらば、肉の複数形らしいですな（爆笑・拍手）。とにもかくにもね、元気で演っていただいて、寄席に入るようになりましたからね、随分と腕上げましたよ。

やっぱり稽古百遍って言いますけどね、お客さんの前で喋って、汗かいてね……、反応をいろいろと受けて、辛い思いをして、それを乗り越えるのが芸人でございますよ。私共もそうです。前座のときにね、受けないお客様の前でもって一所懸命演って、「何で受けないんだろう」って、お客様じゃないですよ。自分のせいなんです。……だから、お客様っていうのはね、言っときますが、……量じゃないです、質です（爆笑・拍手）。

今日も満席にはなりましたけども、ねぇ、ありがたいことですよ。だけどこれ

［＊1］ニックス……姉妹によるお笑いコンビ。平成10年結成。父方の祖父がアメリカ人のトーマス・ニックスと言い、そこからコンビ名を名付けた。落語協会の寄席に出演している。六代目円楽からも可愛がられ、独演会にもよく出演していた。

手）。

満席になってたって、質の悪いお客様だったら、ドンドンドンドン冷えていきましょう、ええ。そこ行くとね、今日のお客様は、本当に反応がよろしゅうございますから（笑）、もう段々段々毎回楽しみになりました、いや、本当ですよ（拍手）。

もう前座からね、

「良いお客様ですね」

って、にぎわい座は本当にお客様良くなりました（笑）。ドンドン笑っていただいて、本当に良いお客様だと……、今、ニックスのトモちゃんなんか、舞台袖で、

「今日の客は、バカじゃねぇか？」

と、言ってました（爆笑）。まぁ、いろんな表現もありますがね。とにもかくにも、御宗旨というものが面白いですな。

これは、まぁ、日本に仏教が伝来をして、それこそ聖徳太子が保護をして、そして日本人は、「和の思想」の中でもって、仏《ぶつ》というものを信仰し始めた訳でございます。これが鎌倉になりますとね、八宗九宗に分かれて、いろいろと勢力争いをする訳でございますよ。

だから面白いですなぁ……、自分のところの宗教が一番だというセールスを始

めるのが鎌倉でしょう。あのね、宗教というのは、簡単に言えばね、「汝、殺すなかれ」で、先ほど人間が、人間として生きるってのは、ここなんですよね。不《ふ》殺生戒《せっしょうかい》と言いましてね、「殺してはいけない」という仏教には教えがある。

キリスト教でもそうでしょう。「汝の敵を愛せ」ですし、「汝、殺すなかれ」ですよ。だから、わたし、よく分からないんですけどね、イスラム原理主義ですか？　イスラム国、ねぇ、敵対する者はみんな殺していく……、全てアラーの思《おぼ》し召《め》しだ。思し召しられたくないですね（笑）。

日本語として、よく分かりませんけども、……思し召しられたくないです、ええ。だってそうでしょう？　オウムだって、怪しいじゃありませんか？　引力習ったでしょう？　皆さん。空中浮遊してたんの見て、信用したんですか（笑）？

ね、麻原彰晃のもとに入ってね、で……、ポアをする。

坂本弁護士なんかね、ポアされたんですよ。わたし、知らなかった。

「ポアって、何ですか？」

って、訊いたらば、ステージを上げてやる。

「ステージって、何ですか？」

ったらば、「殺すことによって、一つ上がるんだ」、……そんなこと、要らないでしょう、ねぇ？　死にたくないですよね。

ステージ上がるんだったら、前座から二つ目になってね（爆笑）。二つ目から真打になるほうが、よっぽど嬉しいですよね（笑）。だから、わたしがね、一つ考えたのは、それこそ、ときのいわゆる宗祖《しゅうそ》というような方々、あるいは中興の祖と言われるような太祖だとか、あるいは高祖と言われるような方が登場して、自分の信じている経文、そして仏の教え、……ブッダの教えを広めようとして、八宗九宗に分かれている訳でございます。

「南無妙法蓮華経」が絶対であるとか、「南無阿弥陀仏」と唱えることによって、極楽往生が出来るとか、「オンコロコロセンダリマトウギソワカ」を唱えるといいという、……教育のない人間たちに、そういう簡単な教えをして、自分の信じているご宗旨を広めた訳でございます。

だから、それはそれで、中興の祖としてよろしゅうございますが、その向こうにお釈迦様が居て、そして宗派によっては大日様が居て、で、大日様の再来と言われる不動明王が居て、真言というものがある。そして阿弥陀様が居て、それをご本尊とするというような考え方でございますよ。

だから中興の祖ってのは必ず居ます。我々もそうでしょ。惚れたのが圓生であり志ん生であり文楽であり、そういうところを聴いて、それこそ小さい頃にラジオでもって分かり易い三代目の金馬師匠を聴いて、柳枝師匠［＊2］の丁寧さを聴

［＊2］柳枝師匠……八代目春風亭柳枝。大正10年四代目春風亭柳枝に入門。昭和18年八代目を襲名。丁寧な語り口で人気があったという。昭和34年逝去。

いてね、向島のお師匠さん（春風亭柳好）の流暢な落語を聴いて、その後、我々を育ててくれた談志だ、圓楽だ、志ん朝だ、歌丸だ、そういうものに傾倒した訳ですよ。この辺がいわゆる宗祖です。

各流派の柳だ、三遊だ、というような流れの中のお祖師なんですよ。その向こうに何が居るかというと、落語という真理がある。絶対真理というものを信じて、私共は落語に帰依した訳なんです。だから談志も圓楽も、どうでもいいんです（爆笑）。あいだでもって居てくれたお陰でもって、流行ってる。だから我々もやることはというと、落語というものを皆さんに好きになっていただいて、落語をたくさん聴いていただきたい。だから好き嫌いはあってよろしゅうございます。

「どうも円楽は、生意気だよ。いろんなこと言い過ぎるよ」とかね。あるいはね「昇太は軽くて面白いよ」とかね。「たい平は元気でいいよ」とか、「好楽［＊3］は笑うとこがなくてイイや」とかね（爆笑・拍手）。そういう好き嫌いがあって、いいんです。三平は噛むから少しは上手くなるだろうと思って、「今のうち聴いといてあげよう」とか、そういう姿勢でもって付き合って、皆さんも、その向こうにある落語というものを、上手く伝えてくれる人たちを探せば良い訳でございます。

［＊3］好楽……三遊亭好楽。昭和41年八代目林家正蔵に入門し〝林家九蔵〟。昭和54年に『笑点』大喜利メンバーに加入。昭和57年師匠林家彦六（正蔵を返上しこの名）が逝去。少し間を置き五代目三遊亭圓楽門下に移籍し三遊亭好楽。その際に『笑点』を一時降板。昭和63年にメンバー復帰し現在に至る。

だから昔から言ってございますが、「宗論はどちら負けても釈迦の恥、どの道を行くも花の香」としてございます。

『宗論』へ続く

松尾芭蕉の問答

２０１９年４月８日　横浜にぎわい座　三遊亭円楽独演会
花まつり＝仏教を楽しむ落語会　『蒟蒻問答』［＊1］のまくらより

え〜、終いが禅宗のお噺でございましてね。禅のほうはというと、臨済も禅でございますし、曹洞宗も禅でございますなぁ……、ですから禅というものが入ってまいりまして、先ほど言ったようにいろんな分派がある訳でございます。

曹洞宗のほうでは、一仏両祖《いちぶつりょうそ》と申しましてね、お釈迦様がいらっしゃって、承陽大師《じょうようだいし》と常済大師《じょうさいだいし》がいらっしゃる。だから二山ございます。福井の方の永平寺と、すぐそこの鶴見の總持寺と、御山が二つございます。

修行の厳しいのは、よく永平寺なんてことを言いますなぁ。気候もそうです。向こうは雪深いですからね……、寒いところでもって……、寺ってのは、また夏が暑くて、冬は寒いでしょう？　そういうとこでもって、拭き掃除をしながら、一汁一菜でもってご飯を食べ、そして問答やなんかをし、勉強し、そして桶一杯の水でもって、顔洗いうがい手水に身を清める。永平寺のほうの人は、そういう

［＊1］『蒟蒻問答』……江戸で食い詰めた男が上州で蒟蒻屋を営む六兵衛を頼っていき、仕事がないならと、近所の寺の坊主にさせられる。ところがある日この寺へ永平寺の修行僧が来て問答勝負を迫ってきた。困った男は六兵衛に和尚として問答の相手を頼み、問答勝負が始まるが、この問答が何とも不思議なやり取りになる、という噺。実際の禅問答らしき表現が随所に出るのでリアリティが生まれる。

ことをやってきたような自慢をしましてね、

「いいねぇ、鶴見のほうは、川崎が近くて……」

というような言い方をされますなぁ（爆笑）。

意味、よく分からないんですけどね。でも、鶴見のほうは、賑やかは賑やかですが、都会に近いというようなことなんでございましょう。どこで神経をキュッと締めていくかというのが修行なんでございましょうけどもね。

別に悟りなんてものを、わたしは開く必要はないと思いますよ。ねぇ、一所懸命悟りを開いて、極楽往生して……、で、極楽往生しちゃったら、善い人ばっかりなんですよ。そうでしょう？　そこへ、先達である坊さんたちが、どんどん上がってたらさっきの噺（『お血脈』）じゃございませんけども、地獄に善い人が堕ちてこないから、地獄、悪い奴ばっかりですよ。

だから、わたしの知り合いのご住職が、わたしに教えてくれた教えは、

「悪さしましょうよ。俗に居て良いんだよ。俗世に居て、地獄に堕ちたときに、後悔をすりゃぁいい」

出家したときもそうですよ。

「そのまま俗で修行しようなんて思わないで、たまにまっとうな心をもってね、仏壇でもお墓でも何でもいいから手を合わせて、食べ物を与えられたら、

『ありがとうございます』

と、感謝の気持ちがありゃぁ、良《よ》うござんすよ」

と、和尚が言ってくれました。

「何で、地獄へ墜ちて良いんですか？」

と言ったら、

「地獄へ堕ちて、下支えをすれば良いんだ」

と、

「それこそカンダタの蜘蛛の糸は切れますけれども、下でもって、みんなで一所懸命行くような、また修行を一緒にすればイイ。輪廻転生と言いますけれども、その中でもって、何とかなりゃぁ良いんじゃないか」

とね。また、

「人に生まれるかどうか分からない……。でも、虫けらなんかに生まれないように一所懸命、そこでもって、もがきゃ良いんだよ」

と、

「一生もがいて、そのあともももがきゃ良いんだよ」

ってなことを言ってくれました。それが真理でしょうなぁ。

だから禅問答なんて言いますがね。本当の問答というのは、我々が演っている

大喜利とはエライ違いですよ（爆笑）、

「一つでもって饅頭《まんじゅう》とは、これ如何に？」

「一枚でも煎餅《せんべえ》と言うが如し」

なんてね。ね、何でもないでしょう？　数遊びですから、言葉遊び。ところが、昔から、この本当の禅問答というのは難しかったそうですな。

俳聖芭蕉という松尾芭蕉が俳諧のほうでもって、名を成しましてね。俳句というものが流行って、芭蕉という人が居るっていうことが、津々浦々《つつうらうら》に知れ渡るようになった。ある日のこと、その芭蕉翁が、福井の永平寺へ参りましてね、ご本尊に前にして、ずっとお顔を見入っております。

そうしますと、それを見ていた坊さんの中に、松尾芭蕉を知ってる者がおりましてな。

「見ろ……、お前たちは知らないかも知れないがな、今、御仏をじっと見て、手も合わさん……、首も垂れん……、誰だと思う？　知らんか？　近頃、俳諧俳句のほうでもって名を成している松尾芭蕉とかいう者だ。しかしながら、あれだけの俳句を詠むようになって、首を垂れぬというのは、……よい、よい、私に任しておけ。……恐れ入りますがな……」

「何でございましょう」

「先ほどから、御仏をご覧になりながら、手も合わさん。首を垂れん。どういうことでございますか？」

「仏とは極楽道《ごくらくどう》の案山子《かかし》かな」

「……何？　お釈迦様が、何故案山子じゃ？」

扇面《せんめん》を持ちまして、

「開けば三覚、これ三界。閉じれば、これ一本、これ一片。（扇子を開いて）『涼風を忘れたもうな、いつまでも』」

と、詠んだ。これを聞いて、坊さんが、

「……恐れ入りました。それだけの悟りを開いていて、なぜ芭蕉翁、あなたは仏門に入らない？」

これを言われた芭蕉が、

「夷狄《いてき》を離れて禁中《きんちゅう》に及ぶ。古池や、蛙飛び込む水の音」

こう、一句詠みまして、飄々として立ち去ったというんですが、……わたしには、何のことか分からない（爆笑）。圓生師匠に言われました。

「『蒟蒻問答』を演るときには、必ずこれを演ってみろ。そうすると、お客様がじっと聴いてて（笑）、中には頷《うなず》く人が居るから（爆笑）、言ってる者が分かんないのに、聴いている者が分かる筈がない」（笑）

こう言ってましたがね。……本当に、落語ってのは、面白いもんですなぁ。

『蒟蒻問答』へ続く

楽太郎から円楽へ

２０１９年６月８日　横浜にぎわい座　三遊亭円楽独演会
前座噺から大ネタまで『寿限無』［＊1］のまくらより

　え〜、まずは前座噺［＊2］というんですか……。昔、演った噺ね。今、ほとんど演ってません。「演ってみようかな」と思ったんですがね。演る機会が無いんですね。前座噺というのは、前座が演るように出来ているんで、わたくしぐらいの大看板になりますと（笑）、何ですか……、その笑いは（笑）？　当人が思ってるだけですけどね。まぁ、それはそれ冗談でございます。

　とにもかくにも、小手調べというか、出囃子が鳴って出て来て、お客様をご陽気にして、次に渡すんだと、よく前座のときに言われましたなぁ。

「いいかい、お客、沈めちゃダメだよ。浮かすんだよ。陽気にするんだよ」

　ってなこと言われてね。随分と頑張りましたけども、演りにくいところもありましたね。

　上野の鈴本演芸場［＊3］……、もうあそこはね、背もたれのところにね、テープ

［＊1］『寿限無』……子供に名付けに困った夫婦がお寺の和尚にめでたい名前の候補をもらった。だが多過ぎて一つの名前に決められず、もらった名をすべてつけることにした。それが「寿限無寿限無……」から始まる長い名前だ。ところが実生活にはいろいろと困ることが起きる、という噺。

［＊2］前座噺……〝前座〟という身分は落語家としてスタート台に立ったばかりの頃。この頃に高座で出来る噺はある程度限られる。くすぐりが多くわかりやすい噺。登場人物を描き分けやすい構造の噺。また舌の動きの稽古になるような噺。基礎知識が必要になる噺、などだ。この種の噺を前座噺としているが、これは一門によって微妙に異なる。

ルが付いてるんですよ。私共が上がってるときには、まだお客様パラパラです。

そこへ、それこそ団体さんが入ってきましょう。団体さんが入ってくると、真っ先にやるのは、背もたれに付いているテーブルをパタンとやるんですね。それがきっかけで、パタンパタンパタパタパタパタパタっと（笑）、これが場内に響く訳でございますよ。それに負けないような大きな声出して、落語を演んなきゃいけないってんでね。喉も嗄れるような思いをしました。

だけど、まぁ、それこそ面白いなと思うのは、名前という奴……。私共も、……わたしも楽太郎から円楽になって、もう来年で10年経ちますか、……早いもんですなぁ。て、ことはウチの師匠が亡くなって11年。アッという間でした。覚えてらっしゃいますか。顔のこんな長いお爺さんね（笑）、身長が1メートル85、顔の長さが1メートル70、もうほとんど顔でしたね（爆笑）。その師匠が圓生師匠のところへ連れてってくれて、楽太郎という芸名をもらって、亡くなる1年前に、それこそ、「お前を、円楽にするよ」というんで……、生前贈与という奴で、円楽を譲られました。

「上手く行ったら、逃げちゃおう」と思ったんですよ。「そのうちに死んじゃうだろう」と思ってね。そしたら、

「（五代目圓楽の口調で）お前が円楽だぁ！」

［＊3］上野鈴本演芸場……都内にある定席の中でも歴史のある寄席。前身となる本牧亭は近所の広小路に江戸期に創設された。明治期に名字を鈴木とした創業一族が大正の震災後に現在の場所に移転、鈴木の〝鈴〟と本牧の〝本〟をとって鈴本としたとのこと。現在は基本的に落語協会の芸人だけの顔付で興行をしている。

って、言われたもんですからね。あの勢いで言われたら、「申し訳ございません」と頭を下げるしかないですよ。だから襲名というのは、そういうふうに揉めないうちに名前を付けるのが一番良いですな。

だけど、まぁ、親なんてのは、勝手なもんでね。自分の子供に好き勝手な名前付け始めて、それがその名前に添ったように成長してくれりゃいいですがね、少し脇に逸れるようになると、……もういけませんなぁ。第一、日本人の名前が日本人らしくなくなったでしょうね。

昔の日本人ってのは、いかにも日本人って名前が多かったですよ。うめ、ふさ、つた、てる、やえ、ひさ……、ねぇ、そのまんまお囃子さんにして、よろしいような名前。ところが、今ね、ミカ、リカ（理科）、社会、国語（笑）、算数、物理、そんなものはありませんけどね。こういうお嬢ちゃんたちだって、いずれはお婆ちゃんになるんですよ。そうすると日本も随分変わりますね。

「ねぇねぇねぇ、リカお婆ちゃま」

「なぁに、ジュディー」

って、滅茶苦茶ですよ（爆笑）。だから、つくづく親というものは、子供の名前を付けるときには、きちんと付けなくちゃいけませんで……、

「ちょいと、お前さん、どうするんだよ？」

「何が?」

「『何が?』じゃないやねぇ、何月《いつ》何日《いつか》かだと思ってんだよ? お七夜だよ」

「しょうがねぇなぁ、ウチは貧乏で……。じゃぁ、何か出せ。すぐに受け出して来らぁ」

「……どこへ行くんだい?」

「質屋へ行くんだよ。お前言った通り、流れそうなんだろ?」

「その質屋じゃないよ、あの子が生まれて七日経つんだよ」

「あぁ、初七日……」

「お止しよ」(笑)

『寿限無』へ続く

明るく陽気に飲む酒が一番

２０１９年10月９日　横浜にぎわい座　三遊亭円楽独演会
ちいさな噺に味がある『寄合酒』［＊1］のまくらより

どうもありがとうございます。毎度のことでございますがね。「本当に平日の昼間かな」と思うようなお客様の入りでございますよ。昔はというと、やっぱり夜席にお客様が入って、昼間はというと、あんまり人が来ないというような状況でございましたが、今、逆ですね。昼間、暇な人が増えましたな（笑）。高齢化といってはなんでございますけれども、そういう余波もあるんでございましょう。……することもないから、寄席でも行ってみようかな、……ええ。落語でも聴こうかな、とっつき易いですからね、そうでしょう？

歌舞伎へ行くといったらば、その服装《なり》で行かないでしょうね（爆笑）。やっぱりウチの中でもって、何を着てこうかしら、ちょっとね、秋らしいものを着ようかしら、ね、着物にしようかしら、美容院へ行こうかしらって、歌舞伎ならそうなんですよ。落語は、イイですねぇ。おウチに居たまんまでしょう？　皆さん

［＊1］『寄合酒』……町内の若い奴らが集まって酒を飲むことになる。酒は兄貴分が出すがアテになるものを1人1品ずつ持ち寄ろうということになり、それぞれが珍妙な方法で干物などを都合してくるという噺。

（爆笑）。そういう感覚ですよ。

で、落語は勉強しなくてイイんですよ。行ってね、私共が喋ってるのを聴いて、感心することもないし（笑）、びっくりすることもないし、悠久の時間が流れてて、そのあいだに笑うところが幾つかあって、自分の感性に触れたとこで、「アハハ」と言えばいいんです（笑）。それが落語ですよ。

歌舞伎は、違いましょう？　ねぇ、歌舞伎座に行ったって、イヤホンガイド借りたりね、筋書き、あらすじなんてものを買ってみたりなんかするでしょう？（落語は）売ってないでしょう、そこで（笑）。今日演る落語のあらすじとかね、音声ガイドね。

落語で音声ガイドがついたら腹立つでしょうね。

「（アナウンサーの口調で）ちょっと、おこついてるようですが、何とか持ち直した様子で、円楽が、今、中盤にかかっております」（爆笑）

余計なお世話ですよ（笑）。

「（アナウンサーの口調で）あっ、トチりました」（笑）なんてねぇ、客に気が付かれねぇのに、音声ガイドが「トチりました」って言ったら、ぶっ壊してやろうと思いますなぁ。

え～、今日はね、ゲストが楽しみなんですよ。萬橘《まんきつ》さん［＊2］、ねぇ。え～、

［＊2］萬橘さん……四代目三遊亭萬橘。平成15年六代目三遊亭圓橘に入門。平成25年真打に昇進し四代目三遊亭萬橘を襲名。独特なキャラクターと新解釈による落語で人気を獲得している。ちなみに初代は明治初期に珍芸四天王の一人〝へらへらの萬橘〟として大人気となった。

わたしもねぇ、いろんなゲストで頭を痛めてます。あいだ、ちょっと色物といって、お色替わりでもって繋いでくれるような人を頼んでたんですがね。底を尽きましたねぇ（笑）。……それで、「誰か居ないかしら」と思ったら、一門の弟子でね、今、メキメキ売り出してるんですよ。歳は幾つだか知りませんがね……、多分わたしより年下と思いますがね（笑）。楽しい壊れ方をしてくれて……、落語の解釈も自分なりにね、我々が昔の人に教わった解釈とは、また違う解釈をして、引きごと［＊3］、入れごと［＊4］をいろいろやってくれますから……、聴いてますと、こっちのほうが勉強になるぐらいで、もう腕も達者ですよ。これぐらい褒めときゃイイでしょう（爆笑）。

で、「ぶっ飛んだ芸をするなぁ」と思ったんですがね。酒は一滴も飲まないんです。酒飲んでね、ぶっ壊れる人ってのは、芸人でもいっぱい居ましたよ。小圓遊さん［＊5］がそうでしたしね（爆笑）。それから、イイ壊れ方したのは、酒飲んでも大丈夫だったのが、志ん生師匠ね。まぁ、時代もあったんでございましょう。その息子さんの長男坊の馬生師匠……、このお師匠さんも昼間から飲んでても……、壊れても、イイ壊れ方でもって、フワッとして綺麗ごとでしたよ。わたしもね、酒は飲みますがね。酒でしくじったことがないんですよ。だから前座の時分からウチの師匠が、……前座時分から……、例えば宴会がありましょう。

［＊3］引きごと……物事の故事来歴を説明したり、引用したりすること。

［＊4］入れごと……元々の噺にはなかった演出に噺家それぞれが工夫を凝らしたくすぐり（ギャグなど）を入れること。

［＊5］小圓遊さん……四代目三遊亭小圓遊。初期の『笑点』大喜利ではキザなキャラクターで人気を博した。しかしそのキャラと古典落語とのギャップに苦しみ、酒量が増え昭和55年43歳の若さで逝去した。

「(五代目圓楽の口調で) 楽太ぁ、おまえ、隣《ここ》に座りなさい」

って、あの長い顔で言う訳ですよ(爆笑)。

「はい」

って、前座なのにウチの師匠、その隣に座らされて、

「(五代目圓楽の口調で) いや、勘弁してやってください。こいつ、私の側で世話をやくのが役目ですから……」

って、言って……、主催者にもそう言ってくれて、打ち上げの席や何かは、必ず隣……。で、まぁ、昔ですから、ビール注がれますね、

「(五代目圓楽の口調で) どうもありがとうございます」

受けて手前《てめぇ》のとこ、置かないで、わたしのとこへ置くんですね(笑)。

「(五代目圓楽の口調で) こいつに注いでやってください。こいつは大丈夫ですから……」

「申し訳ございません」

わたしのところ、(グラスが) 二つなんです、……ね。で、「いただきます」ってんで、グーッと自分のを飲んで、師匠のも飲んで、ポンと返すんですよ。次に座が、こう、賑やかになってくると、日本酒って奴ね。

あれ、お酌されると、飲まなきゃいけないでしょう? ウチの師匠もね、形だ

け……、

「(五代目圓楽の口調で) 形だけで、私は飲めませんのでね。……はい、お前」って、くれるんですよ(笑)。で、

「ありがとうございます」

その盃のわたしの……だから、人の2倍飲むんですなぁ。それでも雪の中、ちゃんと鞄を四つ持って、で、革靴でもって雪道を転ばずに歩いて、で、師匠の宿舎……、ホテルの部屋までちゃんと送れた。だから、ウチの師匠は褒めてくれましたね。

「(五代目圓楽の口調で) お前はちゃんとそうやって、酔っても、雪道をちゃんと歩けるだろう……。藤野君はね……」

これ師匠のマネージャーでね、私共の社長だった方ですよ。

「あいつはね、私に鞄を持たすんだよ」(笑)

ってね。何かブツブツ言ってましたよ。だから、そういう信用ってのありますな。

だから、わたしはねぇ、今日は飲んでませんけどね、……車乗るときは飲まないんですが、あとはね、昼間でもね、飲めるのが一番好きなんですよ(笑)。だから、今日なんかは、4時に終わりましょう……、これ4時に終わってね、東京

へ帰って、で、まぁ、5時過ぎからちょいと風呂でも入ってね、……自分で酒の仕度して、もう、尾島で串カツとねぇ、唐揚げを買いましたからねぇ(爆笑)、もう着いて、すぐ、そこへ行ってね。……知ってます? 斜め向かいのね、肉屋、ねぇ、良い牛のサシの肉があったんですけども、冷蔵庫の中と相談して、頭の中でもって、「確か、すき焼きのタレはなかったな……。焼肉のタレもなかったな」ってんで、出来合いのものを……、ね、串カツと、それから唐揚げとね、……いろいろ買いましたよ。これでもって、一杯飲《や》るんです……。

これが楽しみですよ、ねぇ? 350ぐらいの……、まずね、ビールから始まるんですよ。プシュッと開けましてね、で、注いで、

「ああ、良かったなぁ、にぎわい座の独演会……。ちゃんとお客さんも入ってくださったし(笑)、良いお客さんだったたな。……反応が良かった(爆笑・拍手)。落語は、やっぱりお客さんだ。うん。お客さんの質で助けられる。ありがてぇなぁ、イイお客さんだったなぁ」

と思って飲む酒が、美味いんですよ(笑)。……イイ客でなくても、飲めますよ(爆笑)。

「何だい? 今日の客は(爆笑)? バカじゃねぇか」(爆笑)

と、いろんな飲み方がありますがね。

今回もね、また、夏場に大病を患いましたけどもね。1年のうち2度も大病して、でもお医者さんが言ってくれて一番嬉しかったセリフが、

「良かったですね、お酒の飲める病気で」

と、こう言ったんですよ（笑）。あれ、消化器系の病気とかね、膵臓とか肝臓だったらね、酒飲めなくなっちゃうんです、ね？　循環器もそうでしょう。あの、器官系、つまりあの肺ですなぁ、わたしの場合は……。去年のね、肺がんからね、今年の脳腫瘍、ね？　脳もねぇ、お酒飲んでイイそうですよ。だから、それだけがね、セーフってのは嬉しいですよ。で、退院するときに、

「先生、飲《や》ってイイんですか？」

「当たり前ですよ。退院の記念に、どんどんお飲りください」（笑）

って言って、いい先生ですね。「肺がんは、酒が飲めます。脳腫瘍も酒が飲めます」と言ってくれた。ねぇ、だからそのあと、ずっと飲んでましたよ。だから、ただ一つ医者に言われたのは、

「陰々滅々《いんいんめつめつ》として飲まないでくれ。恨み酒とかね、妬み酒、嫉み酒、……そんな酒飲んでますとね、ストレスが溜まって、また、気が悪くなって病気になる。そういったもんも、あるんですよ。明るく陽気に飲んでね、ワーッと騒ぐのが一番いいですよ」

と、こう言われました。ね、１人で酒飲んでますと、ドンドンドンドンドン止め方が分かんなくなってきてね。それこそ、肝臓痛めたりね、腎臓痛めたりしますがね。やっぱり陽気に飲む酒は良いですよ。仲間と無駄話してね、ワーワー言ってる酒は、一番美味しいようでしてね。

『寄合酒』へ続く

落語は最高のエンターテインメント

２０１９年10月９日　横浜にぎわい座　三遊亭円楽独演会
ちいさな噺に味がある『ほうじの茶』［＊1］のまくらより

（円楽師匠の出番前に、三遊亭萬橘師匠が落語『猫と金魚』［＊2］を披露した）

え～、萬橘さんというね、ウチの一門のエースでございますが、元気があってイイでしょう？　ねぇ、で、噺はぶっ壊してくれてますし……（笑）、サゲのあとに、また一回りしたいというのが、今の若手の風潮のようでして、……本当は、『猫と金魚』って噺はねぇ、新作でもって、「名前は虎ですが、もう濡れねずみになりました」ってサゲるんでございますが、呂律が回りにくいところですなぁ。……だけど、まぁ、そのあとにくっつけて、……試行錯誤ってのはありますよね。それがあるから、よろしゅうございます。

例えば映画見てましてね。エンドマークが出るでしょう。外国映画でもね、日本の映画でも「終わり」って出ますが、そのあとっていうのはあるでしょう……。「どうなったんだろうな？」と、……ハッピーエンドでも、そのあとのこ

［＊1］『ほうじの茶』……遊び好きの若旦那、ある日幇間が珍しいお茶が手に入ったと言う。これはよく焙じてお湯をかけると会いたい見たい人を呼び出せる、とのこと。そこで焙じてみると次々に有名な役者や噺家が出てきた。物真似の得意な六代目円楽は楽太郎時代からこの噺をよくかけていた。

［＊2］『猫と金魚』……大店の旦那は金魚を可愛がっているが、近頃その金魚が消えてしまう。どうやら隣の飼い猫が食べてしまうらしいので番頭に金魚鉢の置き場所を工夫しろと言い付けた。そこで風呂場の棚の上に置いたのだが、猫はすぐにそこへ来たのだ。追っ払ってもらおうと出入りの虎さんに頼んだ。

とを考えたり、あるいはびっくりするようなエンドがあって、「そのあと、どうなったんだろうな?」とかね。そういう部分を、少し足したりなんかして、みんなで遊んでる訳でございますがね。それが出来るのも落語でございますんで……、だから不思議な商売ですよ。日本人が考えた……、世界に他に類を見ない……、わたしは最高のエンターテインメントだと思ってますよ。

だって座ったきりなんですもん、ね? 動き回らないんですよ。この座布団の上でもって……、1人でもって……、いろんな人間出してね。時代も、いろいろと変えられるんですよね。まくらをふりながら、お客様の様子見ながらね、明治、大正、……戦争の前あたり、……その辺までが、あるいは、戦後の貧乏な時代までが、いわゆる古典の舞台になるような人情味のあるようなとこでしょうなぁ。

それから江戸になったりね……、武家が出てきたり……、あるいは『蒟蒻問答』なんてぇと、群馬のほうまで行ってしまったりね。皆さん、ここに居ながら旅も出来る訳ですよ。東の旅、西の旅、いろんな旅へ連れてってくれるでしょう。だから、タイムマシンみたいなもんに乗ってるんですが、乗れない奴もいますけどね(笑)。

こっちで乗れなくて、向こうで乗れなくてね。で、みんな、頭下げてね。時間が過ぎるのだけ待って、タイムマシンと共に時間が15分過ぎたとかね、そんなともございますがね。……面白い商売ですよ。……エコですな。だって、この広さなら、わたしも喉をちょっと患《や》ってますけどもね、ちょっと張れば、聞こえないことはないでしょう。

で、聞こえないぐらいですとね、お客様はね、やっぱりあの不思議なもんで耳をそばだててくれるんですよ。あるいはちょっと、こうね、手屏風してね、こうやって聴いてくれるんですよ。だから、昔の名人ってのは、いきなりこうやって喋り始めなかった。

「(小さな声で)……何にいたしましても、私共のほうは……」

なんて言うと、お客さんが、「どんな噺かな?」と思って、少し前のめりになるんですよ。……と、なったところでもって、少し声を張ってくる。ね? 今はもう、端《はな》から張ってますけれどもね。だから、マイクというものが出来てから、随分、楽になりました。

ただね。いろんなとこで演ってますがね、もう正直言って、大きくて700人が限度でしょうなぁ……。もう1200なんて市民会館へ行きますとね、うしろのほうは、もう米粒ですよ。中にはね、1600なんてホールがあって、3階建てになっている。3階の一番奥なんていうのは、こっちから見たら米粒ですよ。

ってことは、向こうから見たって米粒な訳でしょう（笑）。

そういうところでもって、また30分、40分というような1人でお喋りをする不思議な商売です。だから、商売ってのはいろいろございますなぁ。え〜、仕事と名のつくものが、どれぐらいあるんでしょうね？　業種で分けると、私共のときには、一次産業とか二次産業とか、三次産業とかね、そんな言い方をしましたが……、今はね、農業、林業、製造業に、サービス業ねぇ、いろんな分け方ございますよ。

そういうのを細かく分けていくと、随分前に調べましたらね、4万ぐらいに細かく分かれるそうですなぁ。最後にリタイアってのありますけどねぇ。何の商売もしてない……、無職ってのがね。だけど、無職まで入れると、もっとあるでしょうな。あるいは再就職する方も居て、いろんな職業がある。

面白いもんですよ。無くなりつつある商売もあるでしょう。いわゆる大手が全部吸収して無くなってる訳じゃないですよ。シャッター通りってありますね。商店街でね、小っちゃなお店は、みんなシャッター下ろしてね……。近くにね、大きなスーパーが出来たっていうとね、それこそ食料品屋なんか閉めてね、あるいはねチェーン店の飲み屋しかなくなったような町もありますよ。

だから、無くなりつつある商売っていうのは、流行らない商売ですなぁ。例えばあの……、噺家、我々の商売は無くなりません。どういう訳か、どんどん入って来るんですよ。今、落語芸術協会の客員で出ていましてね。正月にね、初席に出たんです。立前座といって、前座の……、まぁ、いわゆる長《おさ》が居ましてねぇ。お正月ですから、手ぬぐいとお年玉をあげるんですよ。で、

「前座さん、何人居るの？」

って言ったら、

「あっ、前座、30人です」

びっくりしましたね。私共のときは多くてもね、10人居るか居ないかですよ。それでもって、みんなで手分けしてね、二つ目さんに太鼓を叩いてもらったりなんかした。……そういう時代もありましたよ。今、前座が30人、……落語協会に訊いたら、前座30人……、やっぱり。でも30人ってだけじゃないでしょう？　待機児童みたいのが居るんですよ（笑）。

……待機弟子、2年半ぐらい寄席に入れてもらえないってのが、居たらしいですよ。それからまた4年ぐらいやるんですから、……6年半ぐらい。で、……前座として入れてもらえませんから、家で修業させなさいったって、今の若手がとった弟子なんてのは、それこそ家へ呼んでないんですよ。いろんな心配があって、弟子をとってもね、家へ寄せない、寄席は行かない、師匠のところには、行

かない。ねぇ、師匠のとこはいかない。どうやって2年ぐらい過ごすんですかね？　ドンドン入れちゃえばイイんですよ。

　だから、そうすれば、裾野が広がって、ドーンとね、ピラミッドにきちんとなる訳ですよね。だから、噺家は増えてます。で、講釈師……。これも何とか増えていますけどね。やっぱりエースが出なきゃダメですな。今、松之丞（現・神田伯山）［＊3］が出てからね、また講釈というものが、いわゆるスポットライトを浴びるようになりましたよ。

　だから、イチローが1人出るだけでもって、その業界が広がる訳でしょう。また、新しい時代が来るんでしょうけども、そういうふうに無くなっていく商売もありますよ。……薄れていく商売ね（笑）。我々と同じように、お客様のご機嫌をとる。我々は、高座《こっ》から、結界《こっち》でもって、ご機嫌をとるんですが、お客様の側まで行って、ご機嫌をとろうというのに、太鼓持ちって商売がございます。

　これがほとんど居なくなりましたね。絶滅危惧種ですよ。確かに何人かね、お座敷でもって演ってる方はいますが、我々から言いますと、あれをヨイショと言います。何でヨイショって言うか……？　ちょっと物を持ち上げるときに、大抵の日本人は、ヨイショって言いますなぁ。人を持ち上げるので、ヨイショという。

［＊3］松之丞（現・神田伯山）……六代目神田伯山。平成19年三代目神田松鯉に入門し、松之丞。早くからテレビ等で人気を獲得し、その講談の面白さも注目を浴びてきた。令和2年六代目伯山を襲名。

「アイツはヨイショだね？」っていうことを言うと、「太鼓持ちだね？」って意味合いでね、とにかく嫌われるのが嫌ですからね。もう相手の言いなりですよ。「この人から何かもらおうかな」と思ってね、くっついて歩いているとね、もう言いなり……、

「一八《いっぱち》、良い天気だねぇ？」

「良い天気でございますね、何年に一度というようないい天気で……」

「だけど、ほら雲が出てきた、雲が……」

「雲が出てきました……、嫌な雲でございますねぇ、あの雲は！」

「……あの、吉公《よしこう》、知ってんな？」

「吉さん、知ってますよ」

「俺、アイツ、嫌いな……」

「嫌い！　私も嫌いなんですよ。あんな嫌な奴は居ませんねぇ」

「だけど、あれで良いところがあ……」

「良いところがあるんですよ！　良いところがぁ。ええ、私は一緒に寝てもいいと思うぐらい良いところがあるんですよ」

「ちょいと飲みに行くか？」

「飲みに行きましょうか」

「止めようか?」

「止めましょう」

ってんでねぇ(笑)、だから、こういうのは、小学校のときの通信簿に、「協調性に富むが、主体性はない」って書いてあんですね(爆笑)。そういうものがね、噺のほうによく出てまいりまして、

『ほうじの茶』へ続く

芸人の前に病人が喋るまくら

２０１９年11月13日　横浜にぎわい座　三遊亭円楽独演会
宗論はどちら負けても　『お血脈』のまくらより

（登場時に、客席から「待ってました」の掛け声）

え～、ありがとうございます。待たせたつもりも何にもないんです（笑）。時間通り始まってますし、時間通り終わるかどうかはね、またわたしの気分次第で……、噺ってのは面白いもんですよ。いろんなカタチで伸び縮みをします。例えば、熱が入ってね、多少、余分なセリフも入ってくる……、お客様の反応も良いからってんで、調子に乗ってねぇ、ドンドンドンドン多弁になって、噺が延びるとか……。あるいは反応が良すぎて、「少～し待とうじゃないか」というので、間延びをしながらでも噺が延びる。反対に気分が乗らないから、噺が短くなるとかね。「ここ面倒くさいからカットしよう」っていうんでね（笑）、短くしたり、あるいは、お客様が受けないから、早めに終わろうとか。伸び縮みってそういうもんですよ。だから今みたいに「待ってました」なんて言われますとね、え～、

「たっぷり」なんて言われると（笑）、最初はね、「頑張ろうかな」って気持ちになるんですよ。そのうちに草臥《くたび》れてきましてね。言っときますが、わたしは芸人の前に病人ですからね（爆笑・拍手）。

まぁ、病人がこんだけ頑張ってるっていうのは、同じような病気を抱えた方にとっては嬉しいらしくて、いろいろと会社のほうにお手紙をいただいたり、テレビ局のほうにね、お電話をいただいたりしてますよ。ありがたい限りですが……。

やることがあって、それが出来るというのが一番よろしゅうございましょう？　わたしもお陰様で来年の2月の8日で古希になりますがね、同級生みんなリタイアしてますから……。勤めてる人間は、いくら役付きだって自分でもって創業社長が何かでもって、「まだ俺は会長で生き残るぞ」なんて方以外は、大体70前に辞めてますでしょう。

店やってる方でもそうですな。

「もう、そろそろ倅もいい歳だから、しっかりさせなくちゃいけねぇ。倅に代を譲ろう」

ってんでね。自分はたまに仕込み手伝ったりね、得意先に顔出したり、あるいは法人会に入ってれば、法人会のほうの手伝いだけ、外回りをやっておこうとかね。そんなもんでございますよ。

　だから、段々段々暇になるとね、落語を聴き始めんですね（笑）。不思議ですよ、とっつき易いんでしょうね。東京で演るわたしの会なんかね、フッと上がって顔を上げると、同級生が3、4人居たりなんかするんですよ（笑）。「この野郎、バカじゃないかな」と思いますよ。今まで聴いてなかったのに、急に落語を聴きに来てね、で、楽屋に来て、

「面白かったよ」

　って、余計なお世話ですよ（爆笑）。余程趣味が無いのかなと思って……。だから、一番ありがたいのは、こうやってね、平日の昼日中《ひるひなか》に聴きに来てくださるお客様（爆笑）、やっぱり充実しましょう？

　今、この時間っていうのはね、一番昼寝に適してる時間ですよ（笑）。わたしが皆さんの立場だったら、ここへ行きません。お昼食べて、少し休もうってんでね、1、2時間、横になりますよ。でね、3時ぐらいになってね。「何をしようかな？　夕飯は何食べようかな？」ってなことを考え始めてね、本を読んだりなんかして、晴耕雨読でもって、そんな生活が夢でございます。だからわたしもね、今、本当のこと言って眠いんですよ（爆笑）。

　目覚ましで演ってるんです。あの、昼間起きてるときってのは、本当眠いです

ね。どうしてあれ、寝てるときに眠くないんですかね（笑）。そんなこと考えるんですよ。

あのう、哲学ってそうでしょう。考えなくていいこと考えるんです。「常識とは何だろうな」、そんなことを考え始めますとね、本当に眠れなくなりますよ。

それほど凝ることはありませんけれども、わたしも一応いろいろと人を送る立場になってきて、自分が逝き損ねたもんでございますからね、みんな歌丸が悪いんですよ（笑）。ここの館長ね、……向こう行っちゃいました……。だから、わたし平成の28年の3月に得度《とくど》をいたしまして、一応仏門に入りまして、出家をして、きちんと、在家の得度ではなくてお坊さんにちゃんと得度式をやってもらって、一応曹洞宗の僧籍は持ってる訳です。ですから、ちゃんと袈裟を着けて、一番身分は低いんですが、歌丸師匠のご葬儀だけは、行かせていただきました。これからそういったものが、少しずつ役に立つなと思う年頃ですよ（笑）。母親のほうも送らせていただいて、自分が送るときには、先輩の坊さんたちが皆来てくれるっていうんでね、嬉しいですな。

だから、そういうふうに心の拠り所とする宗教ってのは、結構でございますよね。今、鎌倉八宗九宗に分かれましたと言いましたが、最初にわたしが帰依したのは、やっぱり落語です。落語やってね、別にこれ言っていいかどうか、分かりませんけれど、師匠が好きで噺家になった訳じゃないんですよ（笑）。これ言っときますよ（爆笑）、落語が好きで噺家になったんです。好きな噺家はいっぱいいました。師匠の落語も、ある意味好きでした。圓生師匠の落語も好きでしたなぁ。志ん生師匠という相対におりますお師匠さんの落語も好きでした。え～、小さん師匠の落語も好き、馬生師匠の落語も好きで、……見ようによっては「嫌いだ」って方がいらっしゃいましたが、談志師匠の落語も好きでございましたしね。志ん朝師匠の調子の良さ、耳当たりの良さ、……こんなもんも好きで、落語が大好きです。演るよりも聴いてるほうが好きです。だから、今、わたしは自分の噺を、客席側《そっち》へ回って聴きたいぐらいですよ（爆笑）。聴いてんのは、本当に楽しいですよ。「コイツは、何を出すんだろうかな？」とかね、「脱線したな」ってのは、すぐ分かりますから、演ってるほうも分かります。「今、どうやって噺に入っていこうか」と探っている最中です（爆笑）。

まず、『お血脈』という噺でスタートをしようと思っているんですがね。脱線ってのも、面白いですよ。だってこの会は、放送時間が何分とかね、……何分以内に演ってＤＶＤに収めますからって会じゃないですから……。来たお客さんが楽しんで、円楽《てめぇ》が楽しもうって会ですから……。

あのう、言っときますがね。お客様が楽しむ……、これだけじゃないでしょう。わたしも楽しみたいんです。同じ空気感の中でもって、その日その時間を過ごすということですなぁ。

「バカヤロウ！　このヤロウ！　俺を楽しませろ」

「私、楽しみに来たのよ。ちゃんと入場料払ってんのよ」

ってい う方、いらっしゃいますよね。……皆さんが、「払ってるな」と思うほど、我々はもらってないんです（爆笑・拍手）。独演会でね、これ総取りだったら、わたしは大喜びをもって、毎日演ります（笑）。どこも行かないで、横浜に住みますよ（笑）。ここンちの隣か何か借りてね、住んで、毎日演りますよね。貸し切りの寄席を……、本当に来てくれるんならね。こういうところだって、システムがあって……、ここの館がドーンと持ってって……（爆笑）、残ったものを、出た者と裏でやってる前座とお囃子とみんなで分けるんですね。だから、……泣くことはないんですけれども（爆笑）、「金返せ！」とか、「もっと楽しませろ」というのは無理です（笑）。

第一パンフレットに書いてないでしょう？「つまんなかったなぁ」っても、しょうがないんですよ。だって、「面白い」って書いてないもん（笑）。「頑張ってやります」って書いてないでしょう？「値段通り演ります」とも書いてないですよ。価値観の問題ですから、どうやったって、わたしの自由です。

病気の人間が喋ってんだ、時々脱線する、……志ん生師匠なんか凄かったですよ。すごい脱線ですよ。『疝気の虫』［＊1］って落語が好きでね、いろいろ参考のために志ん生師匠を聴いたんですよ。面白かったですね……、

「（五代目古今亭志ん生の口調で）え〜、昔はぁとぅ言うと、方々に池があってえ、池があったぐらいですから、虫が居た」

って、無理でしょう（笑）？　池と虫の脈絡は、どうするんですか？　池があったから虫が居た。池があったから、魚が居たなら分かるんです。虫が居たんですよ。

「（五代目古今亭志ん生の口調で）え〜、だから虫というものは、『虫が知らせる』とか、『腹の虫が鳴く』とか、人というものは虫によって動かされてる……。『虫の知らせ』、そんなものがあったんすな」

ってなこと言って、『疝気の虫』という疝気の病気を起こしてる虫の噺に入ってるんですよ。

だから出だしは無理だったんですけど、噺に入ると、「ああ、そうなのかなぁ？」って引っ張っていかれる（笑）。不思議な面白さがありましたなぁ。好きなまくらがあってね。……ドンドン脱線させてもらうとね、落語が好きな方の為にね、ドンドン好きになってもらおうと思うから……、古くは志ん生師匠の噺ね

［＊1］『疝気の虫』……その昔は男性のお腹のあたりが痛くなると〝疝気の虫〟が暴れているとされていた。ある医者が夢に出た〝疝気の虫〟から苦手なものを聞き出したのだ。これは治療に使えると、ちょうど疝気の痛みの出た患者に試してみると、これがうまく行った、という落語らしい噺。

……、

「（五代目古今亭志ん生の口調で）上野の池にぃ、昔、竜が住んでまして、……この竜が昇天をするんですなぁ。そうすると、それに付いて、鯉や何かが昇ってく、鯉は出世魚ぉ、滝登りをするぐらいですから、勢いがあるから、竜のあとを付いて、ピューッてんで上がっていくんすよ。そのあとに、鮒だとか、小魚が付いて行くんですが、そいつらぁ、あんまり力がありませんからぁ、途中でもって力尽きてぇ、パタパタバタバタ落っこって来るんですなぁ……。それが上野の広小路のあたりに、よく降って落っこって来た……。小さい時分に、それ拾って食べた」

って、嘘でしょう（爆笑）？ ……「嘘だい」って、言えないんですよ。「そうですか……」しか言えないんです。だから楽しいですよ。そういう方は、例えば、宗教で言えば中興の祖でしょうな。

私が落語に帰依したというのが例えば仏教で言うならば、落語は、お釈迦様。そのあいだに大圓朝と言われるような阿弥陀様が現れたり、あるいは圓朝の四天王と言われるような人たちが薬師様だったり、何とかする訳ですよ。そのあいだに道元禅師だとか、あるいはね、いろんな方が現れる。いろんな御宗旨でもって、いろんな方が現れる。……それが志ん生であり、圓生であり、文楽であり、三代目の金馬である訳ですよ。その下でもって修業して、またその宗旨の中でもって、大変に力のある方、高貴なお坊さんと言われるような噺家だったらば、談志、圓楽、志ん朝、柳朝、こんなとこが現れて、……歌丸ね、そういった者がいわば支えていって、ドンドンドンドン落語というものが広がっていく……。御宗旨というものが広がっていく、そう思うと、やっぱりどこに帰依するかというと、大本《おおもと》でございますな。

『お血脈』へ続く

落語で知る『空海の風景』

2019年11月13日　横浜にぎわい座　三遊亭円楽独演会
宗論はどちら負けても　『大師の杵』［*1］のまくらより

一席目を喋ってて、気が付いたことがございましてね。「案外、わたしはMだな」と思いましたよ（笑）。なんか自分を痛めつけて喜んでるような感じでね、予定の時間を遥かにオーバーして（爆笑）、一席ずつの配分を考えないで演ってましたなぁ。また時々、噛んだりなんかしてね。やっぱり疲れてくると、滑舌が悪くなるんでしょうなぁ。言おうと思ってる言葉と、喋ってる言葉が合わなくなってくる……。

実はここだけの話ですがね、一昨日、朝日健太郎くんってね、バレーボールの選手だった……、今、参議院議員やってますがね、彼と昔から仲が良いんですよ。わたしもずっとバレーボールを高校までやってましたんでね……、そんなご縁もあって、今、NPO法人のビーチバレー協会のほうの顧問をやって、ビーチ文化振興協会の、やっぱり顧問をやってる。……そんな関係でね、パーティーが

［*1］『大師の杵』……弘法大師空海がその昔川崎を通りかかり、近隣の農家に宿を借りた。するとそこの一人娘が空海に一目ぼれし、思いを伝えたところ、空海は「夜中に忍んで来なさい」と答え、1本の杵を寝床に置きそっとその家を辞した。娘は受け入れられなかったことで川に身を投げて死んでしまう。後にこれを知り空海は供養のためこの地で大勢の人々の病を治した、という噺。川崎大師にはその杵が安置されているという。

あったんで、顔を出したんですよ。

そしたらやっぱり偉い先生方がね、みんな、来てくれるもんなんですなぁ。それこそ国会議員からね、市町村会議員っていうの？　東京にも村がありますしね、町もありますから、そういったとこからも来てるんですよ。で、菅官房長官［＊2］がね、わたしのあとでスピーチだったたんですよ。都合でもってね、何とか回って来たんでしょう。挨拶をしたんです。やっぱり菅さんの挨拶を聞こうと思って、本来そっから居なくなる筈が、こうやって聞いてたんですよ。ボロボロに嚙んでましたね（笑）。「やっぱり疲れてんだなぁ」と、つくづく思いました（笑）。

やっぱり、ああいうことがあるとねぇ、……いろいろ疲れますよね。『桜を見る会』（笑）、いいじゃないですか？『桜を見る会』でしょう。講演会は、皆、サクラですよ（爆笑・拍手）。……そういうことを、ああいうところで言うと、怒られるんでしょう。だから、こういうところが好きです。

え～、何の話かよく分かりませんけれども……。決まり文句ってありますね。朝日健太郎はね、199センチあるんですよ。だから、挨拶の決まり文句がね、面白いんですよ。

「高いところから、失礼をいたします」（笑）

［＊2］菅官房長官……菅義偉（すがよしひで）。衆議院議員。平成24年から令和2年まで第2次安倍内閣の内閣官房長官。令和2年自由民主党総裁、及び第99代内閣総理大臣に就任。令和3年任期満了まで務めた。

って、言うんですね。確かにこうやって見てますと、高いですからね。そういう文句っていうのは、やっぱり面白いもんです。日本っていうのは、イコールというか、これはこれって決まりがありますでしょう。

もう『義士《ぎし》』というと、赤穂ですよ。だけどよく考えればね、赤穂だけじゃないでしょう、『ぎし』はね。……電気技師《ぎし》とかね（笑）。ええ……、工学技士《ぎし》とか、中には詐欺師《さぎし》なんて『ぎし』が居ますよ（笑）。大師というと、弘法様、……弘法大師、これ決まりますなぁ、ええ。だけど、これ大師だってね、弘法大師だけじゃないですよ。伝教大師もいれば、達磨大師も居るしね。駐日韓国大使もいれば、フランス大使も居る。私共小さい頃には、『マグマ大使』［＊3］なんていましたよ（笑）だけど、まぁ、大師というと弘法さん……、弘法様って方はねえ、真言を受けまして、そして真密（真言密教）を広めるんでございますが……。

ただ空白の7年間ってのがございましてね。23歳から30歳、遣唐使として中国に渡るまで、この7年間というのが、全く分からないんです。諸説ございましてね……、日本中を旅してたとか、あるいは天皇家に仕えて、その真言の話をしていたとか、宮中に居たんだとかね。あるいはどっかの寺に引き籠もっていたとか、勉強一辺倒だったとか、諸説ございます。


［＊3］『マグマ大使』……手塚治虫の漫画作品。月刊〝少年画報〟に昭和40年から42年まで連載された。またテレビでは特撮ドラマとして実写版『マグマ大使』が昭和41年から42年まで放映された。

司馬遼太郎先生が、『空海の風景』［*4］という上下2巻でもって、ご本をお書きになった。あの先生は想像力も豊かですし、資料の量も大変なもので、……膨大な資料から読み解いて、自分なりの感性でもって、自分の創造、そして史実、そんなものを組み合わせ、縦糸と横糸でもって、素晴らしい作品を随分と残してますなぁ。だから作家であり、文化人でしたよ。その司馬遼太郎先生の『空海の風景』を読んでも、その23歳から30歳までが空白なんです。ところが、この23歳から30歳、……遣唐使になるまでの7年間が落語に遺っててんですよ。だから、落語はバカに出来ないでしょう（爆笑）。

空海上人といいますなぁ……、大変な修行したそうです。まずやりましたのがね、断食。三七、二十一日間、水を少し含むだけでもって、食べ物を一切食べないでもって修行した。凄いでしょう？　21日間、何も食べないんですよ。そんなダイエット法は、無いでしょう（笑）。今、ダイエットでも随分とありますね。バナナダイエットだとかね、それこそ風船を胃に入れちゃう方法だとか、外科的な療法だとか、脂肪吸引だとかいろんなことやりますよ。

一番凄いダイエットがありましたね。寝たまま出来るダイエット、……無理です（爆笑）。寝ててダイエットは出来ません。摂取エネルギーと、消費エネルギーを、あくまでもイコールに近いカタチにするのがダイエットですよ。基礎代謝

［＊4］『空海の風景』……司馬遼太郎作の歴史小説。日本における真言密教の開祖である空海の一生を随筆的な視点を交えつつ描き上げた。

を超えるようなことをするのが一番イイ。だからもっと簡単に言えばね、一番簡単なダイエット教えましょうか？　……入院です（爆笑）。

もう寝ててね、病院のあの不味い飯ね（笑）。残してねぇ、横になっててね、1ヶ月も居るとね、7キロ減りましたよ。びっくりしましたねぇ。筋肉が落ちたんですね、まずね。フラフラになりました。だから、別に食べちゃいけない病気じゃないいんでしょう？　だけどもね、あの、どうして、あの病院というのは、あんなに不味い飯を拵《こさ》えるんですか（笑）？　米が悪いですね。良い米ならね、塩をかけたって食えるんですよ。米ってのは噛んでるだけでも甘いでしょう？　良いお米ってのは、炊き上がりが立ちますしねぇ、それだけでもって、佃煮だけでも飯は食えますよ。鰹節かけたって、猫じゃねぇけど食えますよ。だけど、何やったって食えないような飯作るんですね（笑）。一度作ってる奴の顔を見たかったですよ（爆笑）。だから最後のほうはね、腹立ってきてね、もう外出届出してね、外へ出てね、デパートに行って美味そうなもん買ってきてね、で、ここにねえ、不味い病院の飯を置いておいて、こっちでもってね、好きなもん食べてね、それをね、お盆の上にドンと載せてね、下げてもらいましたよ（笑）。「こっちのほうが、美味いぞ」ってね（笑）。そんなことまで抵抗したんですけども、やっぱり痩せますなぁ。

だから空海上人は凄いですよ。三七、二十一日間、水を含むだけ、げっそり痩せましてねぇ。仲間が心配したんです。

「このまんまじゃぁ、アイツ死んじゃうよ」

「なんか拵えてやろう」ってんで、重湯を作ってね、

「おい、これでも食べろ」

　ったら、

「そんなもの、食うかい（空海）」

と、言ったそうです（爆笑・拍手）。そういう、まばらな拍手は要らない（爆笑）。もう嬉しく何ともない。……笑い声が何よりの栄養ですよ。とにかくね、凄い修行をしましたなぁ。

　武蔵国《むさしのくに》は橘樹郡《たちばなごおり》平間村《ひらまむら》、今でいうと川崎です、平間村は。そこまでやってまいりましてね、名主の源左衛門の離れを借りて、布教を始めた。23歳のときでございます。

『大師の杵』へ続く

人前で涙を流す人間じゃなかった……

２０１９年12月13日　横浜にぎわい座　三遊亭円楽独演会
無事年末を御一緒に　『この一年を振り返って　随談思いつくままに』より

（高座に釈台を置いて、円楽師の登場）

こういう台を置きますとね、……『笑点』の司会者になったような気もします（爆笑）。

えー、立花家橘之助さん［＊1］に賑やかに演っていただいて、おあと、『今年を振り返って』というような、ちょっとご挨拶をして、で、ちょっと時間をいただいて、お休みを、……ちょっと時間をいただいて、『芝浜』［＊2］という一席を演る訳ですがね。

もう年の瀬になると、どういう会でもトリが『芝浜』を演りましてね。噺自体もよく出来ている噺、……それをまた、皆が、今の時代ですから、いろいろと触って、「もう少し何とかしよう。自分の色をつけよう」と、そういうふうにするんですがね、……やっぱり原型がしっかりしてますからね。下手な触り方すると、壊れていくんですよ。だから、どこまで触れるかというゲームが落語にはご

［＊1］立花家橘之助……三味線漫談家。昭和55年三代目三遊亭圓歌にスカウトされ入門し〝三遊亭あす歌〟。平成4年初代〝三遊亭小円歌〟を襲名。平成29年二代目立花家橘之助を襲名した。

［＊2］『芝浜』……主人公の魚屋は酒に溺れ女房と喧嘩ばかりだ。ある日浜で大金入りの財布を拾い、遊び暮らせると思ったところ、女房にそれは夢だと諭される。夫婦の情愛、仕事への情熱などそれまでの落語的ではないと思われる部分を描いている人情噺。

ざいましてね。そんなところを楽しんでいただきたいと思いますが……。

音楽で言うと、まぁ、ベートーベンの『第九』でしょうな。暮れになりますと、あちこちで演ってるでしょう。それと同じように、暮れになると噺家は『芝浜』でもって、年の瀬になる訳でございます。今日のプログラムは、そんな感じでね、ここで思いつくまま喋って、……おあと三味を入れて、ちょいと喉を聞かせていただくという……。小円歌さん[*3]というねぇ、……圓歌師匠[*4]が亡くなって、新しい圓歌がこの3月に出来ました、四代目の圓歌。その圓歌の……、え～、先代の小さいという字を付けたんですが、……大きな女ですよ(笑)。昔、あれは半鐘泥棒って言ってましてねぇ。古い言葉、良いですなぁ、なんかね。背の高いのをねぇ、「半鐘泥棒だね」って。今じゃ、分からないような言葉が、段々好きになってきて……。

だからね、今年はお陰様で脳の病をやったでしょう？　あれは得しましたね。というのは、何かあったときにね。全部、病気のせいに出来るんですよ(笑)。キラーコンテンツというかね、リーサルウェポンというかね。

「あれ、おかしいな？　間違えちゃったぁ、みんな脳腫瘍のせいだ」(爆笑)ってね。こないだね、久々に検査行ってきました。そしたら7月に発見したときはね、2センチ7ミリぐらい。3センチ近いような脳腫瘍があった訳でしょ

[＊3] 小円歌さん……前述の立花家橘之助の前名。

[＊4] 圓歌師匠……三代目三遊亭圓歌。二代目圓歌に入門、後に〝歌奴〟で人気者となる。『授業中』や『浪曲社長』などの自作の爆笑落語で一世を風靡した。後に〝圓歌〟を襲名、晩年でも『中沢家の人々』を作りその創作力は衰えなかった。平成29年逝去。

う？　こっちのね、右の前頭葉にね。それから8月、9月、10月、11月、12月でしょう。放射線治療をやってね、少し小っちゃくなってますよ。つい一昨日、病院行ってね。今年最後のＭＲＩの検査してみたらね、9ミリちょっと、1センチ以内。だから、いい塩梅に縮んで（拍手）、……いえいえ、そんなもの拍手するもんじゃないですよ（笑）。なんか脳腫瘍に応援されてるようでね（爆笑）。わたしが闘ってんだから、わたしに拍手でしょうけどね（笑）。

お客さんって面白いなぁ……、この頃ね、なんかね、元気でいることをね、褒めていただけるってのは嬉しいですよ。あのう、医者がね、

「いい塩梅に小さくなっていますよ。放射線も効いたんでしょうね」

ええ、いわゆる腫瘍の細胞がね、見えるのが要するに、死んでる訳ですよ。それが死ぬと、小っちゃくなるでしょう？　なくなりはしないだろうけれども、他にも出てないしね。多発でもないし、1ヶ所だけ3センチがあったものが、もう1センチ以下になったから、

「今度は3月にもう1回やってみましょう」

って、だから薬も効いてるんでしょうから、維持療法というんですか……。

「今の状態を維持していって、どこまでいくかというようなゲームをやりましょうね」

て言うから、それに乗るしかないですからね。逆らってもしょうがないんですよ。「放っとけ」って人もいるんですけどね。放っといたって良くなる訳じゃないでしょう。

数字ってのはね、正直です。絶対数ですから……。ちゃんと昔の人が考えたもの、……臨床というものから、今度は蘭学になって、……そして西洋技術が発達して、昔だったら頭開かなきゃいけなかったものがね、放射線てなものがね、出来て……。え〜、今は免疫療法だとか、去年やったがんだってね、ちゃんとデータが出ていてね、がんマーカーというのがずっと安定してますしね。CEAというんですがね、……変なことに段々詳しくなるね（笑）。医者と話してても専門用語……、

「先生、CRPのほうはどうなんですかねぇ?」（笑）

「いい塩梅にねぇ、今、0.33ですからねぇ。……このあいだ調べたとき0.22……ちょっとまぁ、1ぐらい入れて、1ぐらいの炎症というのは、ちょっと傷があっても出来ますから……」

「そうでしょうね。こないだ、お腹壊したのは、あれはやっぱり炎症係数出るんですか?」

「やっぱり腸炎に近いですから、出るでしょうね」

こんな話を医者とする訳ですよ（笑）。自分が利口になった気がします（笑）。だけどね、脳ドックっていうのは面白いですよ。MRIとね、MRAというのがあるんですがね。こないだそれ言ったらね、知り合いが、

「MRAなんかないでしょう？」

って、やっぱり何も知らないんで、こっちは脳の大家になってるんだから（爆笑）、進化はしないけど、大家になっている。「MRAというのは、血管を調べるんだ」と、ステントを入れなきゃいけないような詰まりがあるかどうか？「MRIってのは、脳全体のね、縮み具合とか、いろんなところにいろんなものが出来たり、何かそのものを調べるんだ」と、「磁気共鳴とな、いろんな方法があるんだよ」なんて話してね。随分ね、わたしマメに、……そうですねぇ、40代からMRIはね、3年に一遍、5年に一遍、そんなペースでね、先生に言われるまま、脳外科の良い先生がいらっしゃってね。……相模原のほうにね、ある医大の立て直しをしたような先生ですよ。

自分の病院を持っててね、その先生がいろいろ教えてくれた。だから脳ドックも十分やってましたよ。そこはね、木久扇さんが紹介してくれって言うから、紹介したんですよ（笑）。で、こないだも先生とね、中野先生って言うんですけどね。

「どうでした？　木久扇さんの脳は？」

いや、「守秘義務がある」って言うんですよ（爆笑・拍手）。……良い医者ですねぇ。で、大和のほうで飲んでたんです。ウチからちょっと遠いんですけど、先生が、「どうしても飲みたい」って言うんでね。

「良かったじゃねぇか。脳腫瘍と肺がんは、酒が飲めるから……」

って、言うんですよ（笑）。……良い先生でしょう？　わたしの周りに居る医者は、皆、良い先生ですよ（笑）。

「酒が飲めるからイイじゃねぇか」

って、酒を飲みながらねぇ、イイ気持ちになってね。

「先生、本当は木久扇さんの脳は、どうだったんですか？」

「うん、楽ちゃんだけに言っとくけどな、新品同様だったよ」（爆笑）

って、言う……。分かる？　「ほとんど使ってない」という意味らしい（笑）。

そういう医者と付き合ってるとね、楽しいですよ。

ただね、「飲み過ぎちゃいけない」って言いました。やっぱり飲み過ぎるとね、あちこちね、影響が出るよって……。

「酒は百薬の長と言うけれど、憂いを払う玉箒《たまははき》」

ただ脳腫瘍と肺がんは、大した影響はないけど、肝臓だとか腎臓膵臓、そうい

ったね、酒が通るところ……、

「食道から始まって大腸まで、ここにはやっぱり影響あるよ」

って、言ってましたよ。もう、だから適度に飲む……。1合《ごう》の酒を3時間かけて飲むぐらいの了見って言われたんですけど、そんなもん面白くないですな（笑）。1合の酒を3時間かけて飲むとね、……ほとんど酔わないよ（笑）。酒は酔う為に飲むんだね。ただね、無茶しちゃいけませんな。正月ね、前はね、「飲んでいてもイイ」って言うんで、飲んで演ってたんですよ。ダメね（笑）。酒飲んで演ると、やっぱりどっかで破綻しますよ。だから、やっぱそれを我慢してね。終わってから飲む酒が一番美味い。

今日もね、ここはね、わざと車で来るんですよ。車で来ないとね。ここはだって帰るまで、間があるでしょう？　東京駅で降りるとね、銀座が近いんですよ、ええ（笑）。で、帰る頃にはね、ハッピーアワーってのやってんですよ（笑）。ビール4百円ぐらいで飲ましてくれる。そういうとこに引っかかる、どうしてもね。で、そこで引っかかるとねぇ、ウチまで川を越えるのが大変なんですよ、ええ。隅田川を越えるまでに知り合いが何軒あるか。そんなとこを、ちびちびちびちび飲《や》ってくとね、ウチへ帰ると12時過ぎちゃうんすよ（爆笑）。だから、こんときは車で帰ってね。車置いて、ウチでもって、ここでもらった弁当をつまみにね（爆笑）。

……ここねぇ、弁当出るんですよ。わたしね、ちゃんとリクエストしてたんです。炒飯弁当、うん（笑）。崎陽軒のシウマイ弁当が好きだったんですけどね、……白い飯でね、シウマイが6個付いているとね、シウマイが多過ぎるんですよ。シウマイ2個と、炒飯とね、……何だか分からないような肉をね、甘辛くしたようなとね、筍《たけのこ》細かくした奴ね。……グリーンピースが四つ載ってね、で、小エビが三つ載った炒飯。あれがちょうどわたしには、イイねぇ。あれでもってね、1合《ごう》5勺《しゃく》くらい飲んでね。今日、そこの尾島でもってね、ヒレカツ2個買ったんですよ（笑）。

今、オーブンが便利でしょ。ゆっくりじっくり火かけてね、パリパリにしてね、ソースかけてね、辛子とね……。あの辛子とソースを別にかけないんですよ。ソースの中に辛子を溶いてね、ケチャップ少し足して、溶いてね、満遍なく自分用のとんかつソースを作ってね、それを付けて、ベタベタ食いながらね、これでもって焼酎飲むんですよね。

いつもは、逆ぶりなんですけどね。焼酎で口直しするんです。そうするとね、今度ね、ビールが美味くなるんですよ（笑）。ビール飲んでね、それから、今、9%の缶チューハイでもね、Wレモンってのがね、……レモンを丸々搾ったっていうのは、今、3個入ってるのがあるっていうんですよ。それ買って帰ってね。それで、今日はお終い、ええ（爆笑）。

で、そんときの飲み方ですよ。「良い客だったなぁ」って飲めるかね、ええ（笑）。「なんて客なんだ」と言って飲むか（爆笑）、……これによってストレスが違うの。これでストレスが生じると、病気になるんですよ。

あのね、わたしの肺がんって、訊いたらば、タバコのせいじゃなかったんですよ。

「タバコのせいなんですか？」

「タバコはね、肺気腫が少しある。そっちのほうに出てる。だけども、このがんは、原発としての肺がんとしては、タバコじゃないだろう。……何か原因があった筈だ。多分ストレスでしょうね」

……みんな歌丸（爆笑）。あのお師匠さんが死んじゃったから、ストレス溜まったんですよ。いつもバカ言ってね、2人でもってね、キャーキャー言ってね、……年は離れてるけどもね。何やっても許される師匠でね。それ許してくれたお師匠さんですよ。

だから、そういう野辺の送りやなんかしてね、あれからちょっとおかしくなったでしょう？　7月の2日だもん。歌丸師匠が亡くなったのがね、去年のね。わたしの肺がんが見つかったのがその四十九日ですもん（笑）。何か、からかってんだよ、あの爺《じじい》がね（爆笑）。手術決まったのは、百箇日でしょう（笑）？　いや、ピタピタ合うのよ。で、一周忌が終わってね、それでちゃんと手合わせて、わたし僧籍持ってますからね、鶴見の總持寺行ってね。それで一応お札あげてね、それで帰って来て、「一周忌も無事済んだな」と思って、冨士子って婆《ばばあ》……婆じゃねぇ（爆笑）、あのう未亡人と電話で話してね。それで、久しぶりにまた検査に病院行ったんですよ。そしたらどうも、噺がおかしいから、「先生、MRかけてくれ」って診てもらったらば、脳腫瘍でしょう。だから、来年の三回忌何が出るかと思ってね（笑）。

おれ、死なないよ、絶対に（笑）。あっちで呼んでんだから、寂しいから、うん。だけど、いいんだよ、呼ばなくたってね。まだね、あのお師匠さんの歳までは、80までは演りたいと思いますんでね。80まで演ればね、「何かもう少しカタチが変わってくるかな？」というようにね、兆候あるんですよ。

何かと言うとね、肺が5分の1無いでしょう。そうするとね、呼吸が変わってくる。今までのブレスと違う。それから来年になると、もう古希ですよ。古希っていうのはあれでしょう？　古来稀なりって言って、70の人は少なかったんでしょう。江戸時代まではね。それになっちゃうの。

だから近頃、分かったんですよ。こっち側で前期高齢者が喋って、そっちが後期高齢者は聴いてんの（爆笑・拍手）。……だって年末の昼間だよ（笑）。よく来ますよ、皆さん。だから期待に応えて『芝浜』は気合を入れて演りますけどね……。まぁ、そんなこんなで、1年無事に生きたなというんでね。

実は、ここにね、スケジュール帳があってね、これ見ながらね、何か喋ろうかと思ったら、ただ忙しいだけだから、自慢話だなと思ってね。ただね、7月の半ばから8月の半ばまで、1ヶ月入院したときのバッテン、バッテン、バッテンって、断った仕事全部ね、計算してみたら大損害（笑）。

でも、金で動いてんじゃないからね。戻れる場所があって、演る落語が……、あって……、（涙が込みあがる）その幸せから、……御免ね（……拍手）。でもね、歳取ったね。人前で涙流す人間じゃなかった。ウチに居てね、ウチに居てテレビ見ててね、涙流すことあるの。犬、見てね（笑）、『坂上どうぶつ王国』なんか見てるとね、『志村どうぶつ園』なんか見てると、泣いちゃうのね。だけどね、……談志師匠がいないでしょう……、大将がいない、志ん朝さんいない……、声が出ないけどね、詰まっちゃってね。歌丸師匠いなくなっちゃった……。だから、もう、おれに文句言う人いないんだよね。小三治さんなんか、言うこと聞かねぇもん、おれ（爆笑）。録音しちゃ、ダメだよ、これ（爆笑）。鈴々舎（馬風）

とはタメ口だしね。「お爺さん」って言ってる間柄だしねぇ。う～ん、誰がおれに文句言うんだろうなぁ？　まぁ、文句言われないような芸をやります（お辞儀・拍手）。

『この一年を振り返って』より

三題噺について

2019年12月13日　横浜にぎわい座　三遊亭円楽独演会
無事年末を御一緒に『芝浜』のまくらより

え〜、この噺は、『三題噺』と言いましてね、お客様から三つお題をいただいて、それで一席に仕立て上げたという、……そういう噺でございます。三題っていうのは、場所と人と物、……大抵そういうものを出す訳ですな。

場所が芝の浜、革財布、そして酔っ払いという題だったと思ってますがね。噺のきっかけってのは、そんなもんでしょうな。「ちょいとしたことがあって、これにサゲ付けたら、面白いだろうな」というんでね、あるいはサゲが出来ていて、周りに肉付けをしていったらば、一席になるんじゃないかと。そんな葛藤がいつもございますよ。だから、小さな噺からね、段々段々肉付けをして、創作落語みたいなものが出来るんでございましょう。

わたしもね、今、「何とかならねぇかな」と思ってるまくらみたいな噺があるんですよ。夫婦も倦怠期になってきましてね、朝起きて、

「……おはよう」

「顔、洗って来たら？」

「分かった。洗って来るよ……。オイ」

「何？」

「歯磨きのチューブ、開けっ放しだよ」

「どうせ使うんだから、イイじゃないの」（笑）

「オイ、風呂の蓋が開けっ放し」

「なんなら入ったら」（笑）

「……うるせぇ……（歯磨きの所作）」

「ご飯食べんだったら、自分でもってやって」

「……味噌汁鍋の蓋が開けっ放しだよ」

「いいじゃないの。お椀にすくって入れるんだから」

「ジャーの蓋開けっ放しだよ」

「気がついたら、自分で閉めりゃいいじゃないの。いちいち細かいわね」

「細かいったって、行く先々で、おまえ、薬の蓋は開けっ放し、本当に寝てるときは口開けっ放し（笑）。もう夜中に喉渇いて、小便近くなってなぁ、顔見ると嫌になる」

「そんな言いぐさないじゃない！　煩《うるさ》いわね。じゃぁ、出てくわよ！」
「分かったよ、出てけよ！　……閉めてけ！」（爆笑・拍手）
夢でもいいから持ちたいものは、金のなる木と良い女房。

『芝浜』へ続く

「六代目三遊亭円楽　正調まくら集」あとがき

十郎ザエモン

落語家は長距離ランナーに似ている。ゆるやかな時間の流れの中に漫才でいうボケとツッコミを繰り返しながら自らのペースでゆったりと笑いを醸していく、〝落語〟はそんな演芸だと思う。逆にテレビでの笑いは短距離走だろう。1～2分ごとに結果を残し続ける。そうしないとチャンネルを変えられてしまうかもしれないから。

六代目円楽師はそのどちらにも優れていた。そしてどちらも愛していた。しかしテレビでの活躍は少しだけ恵まれていると感じていたのかもしれない。

2019年に竹書房から発売された六代目三遊亭円楽師の自伝とも言うべき著書『流されて円楽に　流れつくか圓生に』では、東京の下町で貧乏ながらもパワフルに生活し、知恵と知識を磨き上げ、大学の落語研究会で先代の圓楽師にスカウトされ落語家となったところから、真打になる前にいきなりテレビ『笑点』大喜利のレギュラーに抜擢され、人気を獲得したという、目を見張るような人生が綴られている。私はこの自伝の構成に関わらせていただき、落語に対する師の思いをあふれるほど聞かせていただいた。

そしてもちろんこの〝まくら集〟では、登場する数々のエピソードや名人上手の落語家について話す言葉の端々に〝落語〟というものへの愛情がにじみ出ている。円楽師が〝落語〟を好きであることは間違いない。テレビで活躍しながら、テレビからいただいたこの力を何とか〝落語〟に返したい、そう思い続けていたのだろう。そんな思いを実現させたのが「博多・天神落語まつり」であり「さっぽろ落語まつり」さらには「江戸東京落語まつり2023」だった。東西の有名落語家を横断的に集合させてお祭りに仕上げたのだ。その作業が簡単でないことは想像出来る。しかし自分のこの立場こそが落語に恩返しが出来る、そう考えたはずだ。そして見事に成功させた。

この〝まくら集〟を読むと、何度かの病を乗り越えながら高座に復帰し、自分の病気さえも洒落のめして笑いに変えていった底力が、活字を通してでも円楽師のあの声として伝わってくる。お読みになった方々もこの〝まくら集〟から本編の落語を聴きたくなったことだろう。

空の上から、「どれでもいいから俺の落語を聴いてくれ。いや俺の落語でなくてもいいや。何でもいいから落語を聴いてくれ。」

などと言っているのかもしれない。

と、ここまで書いたところにニュースが飛び込んできた。六代目円楽師の全盛期の落語（2016年〜2021年収録）がまとめて聴けるCDボックスが、ポニーキャニオンから発売されるとのこと。２０２３年11月から来年の３月まで３回に分けて、未公開29席の発売が決定したそうだ。楽しみが増えた。

十郎ザエモン

昭和27年　東京生まれ
昭和43年　都立日本橋高校にて落語研究会に所属
昭和51年　獨協大学卒業、レコード会社に入社
平成12年　日本コロムビアにて落語ＣＤを制作開始
平成16年　ゴーラック合同会社設立

落語ＣＤ、書籍、番組などプロデュースを専門に現在に至る

六代目三遊亭円楽 正調まくら集

2023年10月5日　初版第一刷発行

著者　六代目三遊亭円楽

まえがき　林家たい平

題字／七澤菜波
写真／加藤威史
解説・構成・注釈／十郎ザエモン
構成協力／ゴーラック合同会社
カバーデザイン・組版／ニシヤマツヨシ
校閲校正／丸山真保

協力／オフィスまめかな
　　　オフィースビーワン
　　　横浜にぎわい座（公益財団法人横浜市芸術文化振興財団）

編集人／加藤威史

発行人／後藤明信
発行所／株式会社竹書房
〒102 - 0075 東京都千代田区三番町8-1 三番町東急ビル6F
e-mail : info@takeshobo.co.jp
http://www.takeshobo.co.jp

印刷・製本／中央精版印刷株式会社